中华精神家园

西部沃土

黔风贵韵

黔贵文化特色与形态

肖东发 主编　郭艳红 编著

中国出版集团

现代出版社

图书在版编目（CIP）数据

黔风贵韵：黔贵文化特色与形态 / 郭艳红编著. —
北京：现代出版社，2014.5（2019.1重印）
ISBN 978-7-5143-2373-3

Ⅰ. ①黔… Ⅱ. ①郭… Ⅲ. ①地方文化－研究－贵州
省 Ⅳ. ①G127.73

中国版本图书馆CIP数据核字(2014)第085427号

黔风贵韵：黔贵文化特色与形态

主　　编：肖东发
作　　者：郭艳红
责任编辑：王敬一
出版发行：现代出版社
通信地址：北京市定安门外安华里504号
邮政编码：100011
电　　话：010-64267325 64245264（传真）
网　　址：www.1980xd.com
电子邮箱：xiandai@cnpitc.com.cn
印　　刷：汇昌印刷（天津）有限公司
开　　本：710mm×1000mm　1/16
印　　张：10
版　　次：2015年4月第1版　　2021年3月第4次印刷
书　　号：ISBN 978-7-5143-2373-3
定　　价：29.80元

党的十八大报告指出："文化是民族的血脉，是人民的精神家园。全面建成小康社会，实现中华民族伟大复兴，必须推动社会主义文化大发展大繁荣，兴起社会主义文化建设新高潮，提高国家文化软实力，发挥文化引领风尚、教育人民、服务社会、推动发展的作用。"

我国经过改革开放的历程，推进了民族振兴、国家富强、人民幸福的中国梦，推进了伟大复兴的历史进程。文化是立国之根，实现中国梦也是我国文化实现伟大复兴的过程，并最终体现为文化的发展繁荣。习近平指出，博大精深的中国优秀传统文化是我们在世界文化激荡中站稳脚跟的根基。中华文化源远流长，积淀着中华民族最深层的精神追求，代表着中华民族独特的精神标识，为中华民族生生不息、发展壮大提供了丰厚滋养。我们要认识中华文化的独特创造、价值理念、鲜明特色，增强文化自信和价值自信。

如今，我们正处在改革开放攻坚和经济发展的转型时期，面对世界各国形形色色的文化现象，面对各种眼花缭乱的现代传媒，我们要坚持文化自信，古为今用、洋为中用、推陈出新，有鉴别地加以对待，有扬弃地予以继承，传承和升华中华优秀传统文化，发展中国特色社会主义文化，增强国家文化软实力。

浩浩历史长河，熊熊文明薪火，中华文化源远流长，滚滚黄河、滔滔长江，是最直接的源头，这两大文化浪涛经过千百年冲刷洗礼和不断交流、融合以及沉淀，最终形成了求同存异、兼收并蓄的辉煌灿烂的中华文明，也是世界上唯一绵延不绝而从没中断的古老文化，并始终充满了生机与活力。

中华文化曾是东方文化摇篮，也是推动世界文明不断前行的动力之一。早在500年前，中华文化的四大发明催生了欧洲文艺复兴运动和地理大发现。中国四大发明先后传到西方，对于促进西方工业社会的形成和发展，曾起到了重要作用。

　　中华文化的力量，已经深深熔铸到我们的生命力、创造力和凝聚力中，是我们民族的基因。中华民族的精神，也已深深植根于绵延数千年的优秀文化传统之中，是我们的精神家园。

　　总之，中华文化博大精深，是中国各族人民五千年来创造、传承下来的物质文明和精神文明的总和，其内容包罗万象，浩若星汉，具有很强的文化纵深，蕴含丰富宝藏。我们要实现中华文化伟大复兴，首先要站在传统文化前沿，薪火相传，一脉相承，弘扬和发展五千年来优秀的、光明的、先进的、科学的、文明的和自豪的文化现象，融合古今中外一切文化精华，构建具有中国特色的现代民族文化，向世界和未来展示中华民族的文化力量、文化价值、文化形态与文化风采。

　　为此，在有关专家指导下，我们收集整理了大量古今资料和最新研究成果，特别编撰了本套大型书系。主要包括独具特色的语言文字、浩如烟海的文化典籍、名扬世界的科技工艺、异彩纷呈的文学艺术、充满智慧的中国哲学、完备而深刻的伦理道德、古风古韵的建筑遗存、深具内涵的自然名胜、悠久传承的历史文明，还有各具特色又相互交融的地域文化和民族文化等，充分显示了中华民族的厚重文化底蕴和强大民族凝聚力，具有极强的系统性、广博性和规模性。

　　本套书系的特点是全景展现，纵横捭阖，内容采取讲故事的方式进行叙述，语言通俗，明白晓畅，图文并茂，形象直观，古风古韵，格调高雅，具有很强的可读性、欣赏性、知识性和延伸性，能够让广大读者全面接触和感受中国文化的丰富内涵，增强中华儿女民族自尊心和文化自豪感，并能很好继承和弘扬中国文化，创造未来中国特色的先进民族文化。

2014年4月18日

文化之光——艺坛奇葩

历史遗韵

　　黔贵文化是指在黔贵区域内产生的一种地方文化，其区域位于我国西南边陲，地处云贵高原东部。

　　几十万年以前，黔贵地域就有人类生息、繁衍。黔西观音洞、桐梓岩灰洞、水城硝灰洞等在旧石器时代和威宁中河、赫章刁乐等在新石器时代，就有远古人类居住，并创造了丰富多彩的远古文化。

　　从商周时期，经春秋、战国至两汉时期，直到明代贵州建省，在此过程中，众多历史名人为黔贵文化做出了巨大贡献，大大推动了历史的发展。

南方已知的最早古人类

在我国西南边陲、云贵高原的东南部，有一片高原山地，这里四季分明、风景如画。

在这片秀丽古朴的土地上，发现早、中、晚时期的旧石器时代遗址多处，主要有黔西观音洞遗址、桐梓岩灰洞遗址、水城硝灰洞遗址、兴义猫猫洞遗址、普定穿洞遗址、六枝桃花洞遗址。

原始石器

黔西观音洞，不仅是我国长江以南材料最丰富、最有代表性的旧石器时代早期文化遗址，而且还是我国最重要的旧石器时代早期文化遗址之一，被命名为"观音洞文化"。

观音洞文化与周口店文化、西侯度文化交相辉映，

形成3个不同的文化区，成为我国旧石器时代早期的3个重要类型。

观音洞文化遗址位于黔西县城南30千米的沙井苗族彝族仡佬族乡锦山村。

洞由石灰岩构成，高出洼地15米，海拔1450米左右，主洞长90米，宽三四米，支洞长5米，宽一两米，因洞顶在堆积过程中坍塌，含旧石器的堆积物主要在洞外，洞中堆积物厚达8米以上。出土石器4000多件。

石器的原料、制作与类型组合都具有鲜明的地方特色，反映了西南地区旧石器时代文化发展的特点。

观音洞出土的石制品分为3大类，即石核、石片、石器。石器材料为燧石或硅质灰岩及火成岩。石核绝大多数是单台面、双台面和多台面的，台面角最大90度，最小50度。

石片形制多样。包括天然台面石片、素台面石片、小台面石片、有疤台面石片、有脊台面石片和修

硝灰洞 因古时有人在洞内挖土熬硝得名。位于贵州省六盘水市中心城西北23千米的三岔河北岸，是贵州省继黔西观音洞、桐梓岩灰洞后，于1973年夏发现的又一古人类文化遗址，为贵州发现的第二个有人类化石的旧石器时代遗址。硝灰洞是我国华南地区古人类用火年代最早、最丰富的遗址。

环状石器

理台面石片6种。以人工台面石片居多，主要是用锤击法生产的，少数用碰砧法。

石器多用石片制成，个体大小悬殊，器型也较复杂，80%以上是刮削器，其次是端刮器、尖状器，还有数件凹缺刮器和雕刻器。

与石器伴出的哺乳动物化石有20多种。这些动物稀奇古怪，有柯氏熊、大熊猫、鬣狗、嵌齿象、贵州剑齿象、似东方剑齿象、巨獏、中国犀等。

其中尤以剑齿象、犀牛等的数量为多，与早期人类的狩猎活动密切相关。

毫无疑问，这是人类早期的活动遗迹，距今约20万年至4万年，属旧石器时代早期，这时的人类还处在"晚期直立人"阶段。

桐梓人是在贵州桐梓岩灰洞发现的。岩灰洞位于九坝乡柴山冈半坡，下距河面几十米，向阳不燥，泥土多呈粉末状，所以当地人都叫它岩灰洞。洞穴呈喇叭形，高3米，宽近2米，洞道时宽时窄，呈"之"字形向东北延伸。

岩灰洞是一处旧石器时代中期文化遗址。出土石器12件和一些烧骨，还发现老年右上内侧门齿化石1枚、青年右上第一前臼齿化石一枚

黔风贵韵

黔贵文化特色与形态

和10岁儿童左上犬齿化石1枚。

门齿非常粗壮，呈铲形。齿根完整，灰黄夹有黑色斑点。齿冠色白，基本完整，切缘已磨耗成平面。

前白齿只保存有齿冠的舌面、近中面、远中面的舌侧半及舌侧齿根。咬合面未曾磨耗。齿体极其粗壮，舌面呈球面隆起。

儿童犬齿较完整，切缘尚未磨耗，齿根还未生长。齿冠完整，齿根仅保留颈部一小部分，颊舌径大于近中近远径。在近中远中面都见到浅纵沟。

唇面的横向上有几条肋状条带，基部齿带明显。两侧缘有三角形隆凸。舌面底突，游离缘有粗脊。

此外，还出土了6岁左右儿童上臼齿、门齿化石，老年左上内侧门齿化石1枚。

桐梓人是我国南方已知的最早"古人"，使用的石器加工相当粗糙。烧骨表面呈黑色或灰色，可能是用火的产物，但是未发现灰堆或灰烬层。

■旧石器时代的尖状器

■ 旧石器时代石质尖状器

黔风贵韵

黔贵文化特色与形态

锐棱砸击法 一种有别于寻常的砸击方法。由"水城人"开创，后经"兴义人"和"穿洞人"进一步发扬光大，成为贵州旧石器时代晚期的主旋律。在穿洞晚期文化层中，锐棱砸击石核和锐棱砸击石片越来越多，并用它们来制成石锤砍砸器、刮削器、尖状器、刀状器等工具。

水城人属旧石器时代中、晚期，其遗址在水城硝灰洞。出土石器53件，老年男性左上犬齿化石1枚。齿冠部前后缘无三角形凸起，说明其体质特征比北京猿人进步，是典型的古人类。

其生产有所进步，生活有所改善，使用的石器用"锐棱砸击法"打制而成。

其方法是将砾石一端稍斜置于石砧上，一手紧握砾石另一端，另一手拿石锤；用石锤的扁锐边猛砸石砧上砾石一端。多次连打，制成石片。

石片大都不修台面，打击点粗大，凹入显著，破裂面放射线清晰。这种锐棱砸击石片，也出现在云南、四川、广西、广东、西藏、江苏、台湾等省区的旧石器时代晚期或新石器时代早期的打制石器中。

遗址中还发现了灰烬层，有各色灰烬和炭屑、烧骨、烧石。这是我国华南地区古人类用火最早和最丰富的遗迹。

猫猫洞遗址位于兴义，是旧石器时代晚期的遗址。在兴义顶效西南1千米处，顶效河的左岸，有一座峻秀的小山，山东侧有一奇妙的溶洞，远观宛如一只精巧的山猫，匍匐在山顶，睁着一双炯炯有神的大眼。其态逼真，人们因此给此山取名叫"猫猫山"，给洞取名"猫猫洞"。

猫猫洞是兴义人长期生息、繁衍、劳动的地方。出土下颌骨化石4件、股骨化石3件。下颌骨粗壮而低矮，齿弓短宽，形态接近山顶洞人的下颌骨。股骨较粗，骨壁厚，髓腔小。由此可见，兴义人属晚期智人阶段。

该文化层出土4000多件石器，以"锐棱砸击法"打制为主，锤击法为辅。刮削器占多数；其次为尖状器，有少量砍砸器和雕刻器。刮削器和尖状器体形较大，多数长0.5厘米以上。刮削器中斜刃多于直刃。

猫猫洞遗址还出土了骨刀、角铲等骨、角工具10件。骨刀造型较美，整体磨制光滑，刃部磨制细致，锋锐光洁。

骨铲用鹿角制作，琢削，磨平，铲刃磨成45度角。骨椎用三棱形骨片刮削琢磨制成，尖刃，刃部扁

刮削器 石器时代人们用石片制成的一种切割和刮削工具。因形状不同，可分为长刮器、短刮器和圆刮器等。这种刮削器是骨质或石质的，用途很多。另外也可以用来制作木制品、竹制品，如刮去树皮制作棍棒，制作箭等。

■ 旧石器时代化石

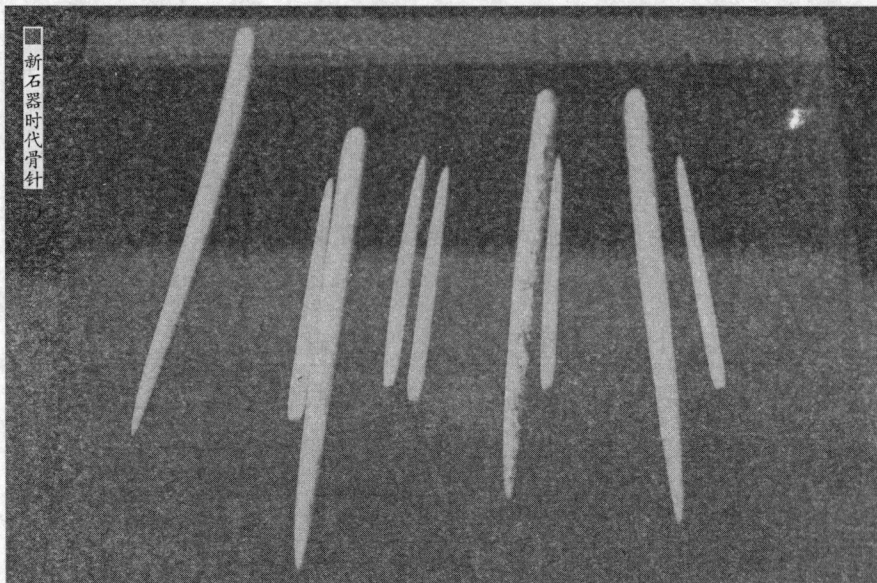
新石器时代骨针

黔风贵韵

黔贵文化特色与形态

锐光滑，比较精致。

可见，兴义人生产技术已有改进，群居生活以渔猎为主，应属"古人"向"新人"过渡阶段的人类。

穿洞遗址在普定县城西南5000米处的新寨村一个南北对穿的天然溶洞中。

穿洞遗址出土古人类化石比较丰富，除较完整头盖骨化石两个外，还有上颌骨、下颌骨、顶骨、桡骨、胫骨，还有臼齿、门齿和犬齿等，共100多件。

穿洞遗址出土石器共5000多件，制作材料有水晶、燧石、石英岩等，质地坚硬。石器种类有砍砸器、尖状器和刮削器。制作方法有锤击法、砸击法和锐棱砸击法。

出土了大量骨铲、骨锥、骨棒，还有用以刺鱼的骨叉，用作缝纫的骨针和装饰用的扁体骨器。同一种骨器，往往有多种器型，如骨铲的刃口，就有平直、倾斜、圆钝、尖状诸种式样。

在旧石器时代文化遗物中，已知的磨制骨器极少，而普定穿洞竟然出土了近百件磨制骨器。

穿洞出土的骨针非常精巧，它用小骨片研磨而成，扁圆修长，针尖锐利，上面还挖有一个针眼。角器相对要少得多，均用鹿角制成，有角铲和角锥两种。角铲两面磨得均匀，刃口平齐，薄而光滑。

用火的遗迹，在穿洞各个文化层都有发现。灰烬中有烧过的骨头、石头。骨头烧成黑色、白色、灰色，石头烧变色，烧炸裂，有的烧成石灰。可见穿洞人已具备保存火种和人工取火的能力。

遗址中还出土20多种哺乳动物化石共10000多件。动物化石中以鹿为主，可能穿洞附近古代有广阔的草地。

穿洞遗址文化内涵丰富，被命名为"穿洞文化"，它对研究石器打制技术的演变、研究由旧石器时代向新石器时代过渡，研究贵州石器区域性特征都具有重要意义。

穿洞人的骨角器在国内首屈一指，它的影响可以说是"独领风骚数千年乃至数万年"。

阅读链接

桃花洞位于六枝桃花山脚桃花湖与山壁结合部的石灰岩天然洞穴，旧称"逃荒洞"。

洞高9米，宽24米，进深60米。是修公园时发现的。经试掘，在洞内地表获得磨制的石斧1件，骨锥2件，打击骨器17件；穿孔蚌器和螺壳2件。清理出石核32件，石片、石钻、石锤20件。石器分刮削器、砍砸器、尖状器、盘状器。

在用火遗迹处，有大量的烧骨、烧石和炭屑；人类化石有一段左侧股骨；动物化石种类有巨貘、豪猪、竹鼠、虎、熊、牛、豹、鹿、麂、羚、毛冠鹿等12个种类。

进入原始农耕文明时期

时光飞逝，经过不断的创造、改进，至新石器时代，古人类开始在乌江流域等地区活动。

■ 新石器时代陶罐

发现的遗址有威宁的中河、赫章的可乐、毕节的青场、平坝的白云等。最有代表性的是赫章可乐文化遗址和平坝飞虎山文化遗址。

赫章可乐遗址在可乐乡马家庙子山坡的山腰。先后在其文化层出土石器30多件，陶器数百件，还有其他文化遗物。

石器多用砾石做原

料，磨制技术较精细。如椭圆形双孔石刀，刃口磨得较薄。石斧、石锛、石磨盘等，都比旧石器进步得多。从石器的形制看，石斧、石磨盘都具有地方性。

从出土的石工具上，可以看出当时的原始人使用磨光石斧来砍树、开荒、种地，已进入原始的农耕阶段。用双孔石刀收割禾穗，用石杵和石磨盘去壳加工谷物。

■ 石器

出土磨制的石弹丸，既是工具又是武器，石尖状器绑上木棒，就成了石矛，证明当时人们已从事狩猎，正在从猎取野兽向驯养家畜的阶段过渡。

出土陶片中，有大量的四耳、圈底、底柱等，还有残陶杯2件。陶器以夹砂灰陶为主，有少量黑色陶。纹饰较单调，有弦纹的不多。

陶器多用轮制，从陶片的薄厚均匀看，制陶技术比较进步。出土的两个陶纺轮，呈锥形圆柱体，中心有孔对穿，制作技术较高。

飞虎山文化遗址在平坝县城南面的白云镇平村东南的"飞虎山"上。

关于飞虎山的由来，还有一个美丽的传说：很久以前，有一位不知法号的僧人，踏遍千山万水，走访

乌江 又称"黔江"，贵州第一大河。古称"内江水""涪陵水""延水"等。首次被称为乌江始于元代。发源于威宁香炉山花鱼洞，在重庆涪陵注入长江，干流全长1037千米。主要支流有六冲河、猫跳河、清水江、濯河、洪渡河、芙蓉江、郁江、阿蓬江等。

■ 石器时代刮削器

黔风贵韵

黔贵文化特色与形态

峨眉山 位于四川省乐山境内，最高峰万佛顶海拔3099米。我国四大佛教名山之一，有寺庙约26座，其中报国寺、伏虎寺、清音阁、万年寺、洪椿坪、仙峰寺、洗象池、华藏寺知名度最高。有"峨眉天下秀"之称。据传为佛教中普贤菩萨的道场。

名山古刹，苦寻佛道。

有一天，他路途疲惫，饥渴万分，在平坝白云镇境内一条杂草丛生的古道上，发现一个大如篮球的鹅卵形石蛋。

他好奇地拾起来看，他从未见过有这么大的石蛋，皱起眉头惊疑起来："这不可能是鹅蛋、鸭蛋、鸡蛋，更不是鸟蛋……这到底是什么蛋呢？"

蛋是生命之源，此蛋与他有缘，缘有因有果，于是僧人带上此蛋一路风餐露宿来到了四川峨眉山。僧人在此念经修佛。

僧人把捡来的怪蛋精心孵育九九八十一天，终于从蛋壳里蹦出一只怪异的鸟，方形虎眼，形状吓人，羽翅丰硬，欲腾欲飞。僧人猜想此鸟乃仙人之物，应好生喂养。

鸟儿一天天长大，不到一个月，羽大如伞，比人还高，凶暴异常，食量大得吓人，僧人无法供给喂养。僧人们都责怪他养了一个怪物，而僧人却想有朝一日能乘坐此鸟游行万里，普度众生，甚为一件好事。

此鸟性情暴烈，饥饿时啸声震天，僧人用一间房屋关它。一日旭日东升，此鸟破门而飞，冲上云霄，巡天遥看。

僧人见状惧怕，却无可奈何，只得由它飞走。

这只巨鸟如猛虎出笼，翱翔于天地之间，所过之处，狂风卷云，砂石满天，树倒林毁。人们以为是千年妖魔作怪，却无人能够制服。

人们惶恐不安，纷纷乞求神仙降伏此魔，保世平安。

位于平坝白云镇夏云庄村的剪刀山看到这只怪兽猖狂无比，祸害人间，决定为百姓灭除祸患。剪刀山默默地等待着怪鸟从它的刀口上飞过，以便把它剪断除掉。

一天，怪鸟从刀口飞过，剪刀山化为一把巨大的锋利无比的剪刀，向怪兽剪去，快如闪电。怪兽仓皇逃飞，但它的左翅仍被剪掉了膀，飞鸟怪叫一声飞走了。

那被剪掉的翅膀正好掉在田坝中间，压住了正在耕田的一个农民，据说现在插秧时节，还会听到被压在山下的耕田人喊耕牛"背招""背招"的声音。

传说那只受伤的巨鸟落在了平村的东南方，并化为一座大山。此山远远看去，犹如一只巨大的无翅的飞虎，人们便把它叫作"飞虎山"。

飞虎山文化遗址出土文物有石斧、石箭头、石纺轮和大量陶器碎片。厚薄不匀，厚者达1.2厘米，薄者仅0.2厘米，火候高，质地坚硬。

夹砂灰陶约占70%，夹砂黑陶占30%，泥质类陶极少。

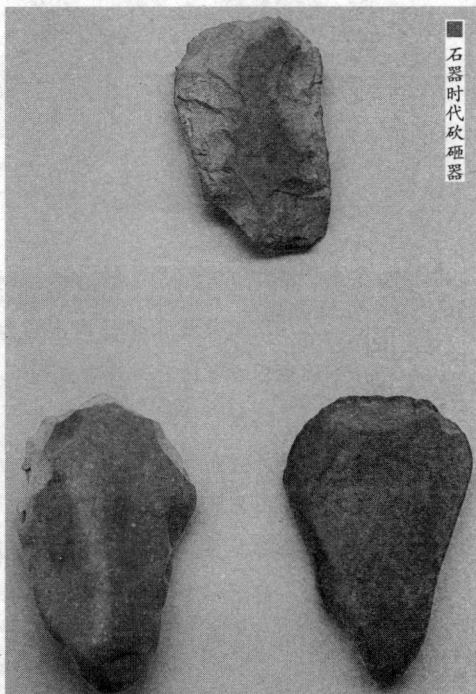

石器时代砍砸器

■ 新石器时代石铲

夹砂陶以夹细砂为主。

陶片纹饰复杂多样，有粗细绳纹、方格纹、锥刺纹、刻划纹、附加堆纹等。陶片中有3片彩陶。其中有一片是在泥质灰陶的内外施以粉橙色陶衣，再于外表绘两条平行的红色条带。

从陶器纹饰及质地考察，飞虎山遗址制陶技术比可乐遗址有了进步。飞虎山出土的石器工具，如石锛磨成斜刃或直刃，石箭头磨成锐角等腰三角形，也比可乐遗址同类物器要磨制得更精细一些。

阅读链接

平坝飞虎山遗址的上层为新石器时代，而在它的下面，叠压着旧石器时代的遗物。

这里出土的石核、石片、石核石器、石片石器共532件，石核和石片的制造既有锤击法也有锐棱砸击法。石核石器15件，石片石器111件，器形有刮削器、尖状器、砍砸器、盘状器、斧形器等。另有骨锥57件、骨铲20件、角器2件。

石器增加了盘状器、斧形器等新类型，骨器使用较多，这都为转入新石器时代做了准备。

文化教育的鼻祖尹珍

在商周时期，即公元前14世纪至公元前12世纪，黔贵地域是"鬼方"地的主要部分。

秦代开"五尺道"，汉代筑"南夷道"首先进入贵州北部和西北部。巴蜀文化从北向南流入，黔北正安得风气之先。

正安属鳖县东北境，犍为郡治鳖县，开发较早，与巴蜀贸易交往历史悠久，其文教也必最先。曾产生过文学卒史臣舍人，著名辞赋家盛览。

然而，黔贵文化最有影响的第一人，当推尹珍。尹珍是贵州汉文化的传播人，西南汉文化教育的开拓者，

■尹珍雕像

学者许慎塑像

黔风贵韵

黔贵文化特色与形态

许慎（约58—约147），博通五经，撰有《五经异议》，被称为"五经无双许叔重"。精通文字学，所著《说文解字》收集小篆、古文、籀文共9353个字。解说每个字的形、音、义，极为简要，集我国文字大成，也集古文经学训诂之大成，被视为"汉学经典"。

数千年来一直受到人们的敬仰。

尹珍是东汉牂柯郡毋敛县人，生于公元 79 年，出身豪门，少纨绔习气，自幼聪颖好学。

东汉时，朝廷已将儒学立为官学，立五经博士，全国郡、县、乡均设经师，经学大盛。尹珍 20 岁时，学业已有相当的基础，但深感本郡学业太差，于公元 99 年，奔赴京师洛阳，拜许慎为师。

学者许慎被尹珍千里求学的精神所感动，对他精心传授。尹珍刻苦研习五经文字，接受系统的儒家道德思想。尹珍不仅精熟"五经"，也得到《说文解字》的真传。

学习期间，正值许慎编纂《说文解字》，尹珍在老师指导下，研习篆书、攻习隶体。

许慎撰著《说文解字》收集了古今各种书籍、碑刻和钟鼎款识，尹珍刻意摩习，书法技艺大为提高，成为当时著名的书法家。

南北朝刘宋时期，王愔著有《文字志》中评述秦、汉、魏、晋间120位书法家，就列有尹珍之名。唐代张彦远著《法书要录》引录《文字志》的篇目，才使尹珍作为书法家留传于世。清代咸丰七年（1857）刻印的《广金石韵府》中也收录有尹珍篆书。

尹珍回乡里，在"手建草堂三楹"，设馆收徒教学。尹珍的学堂是一座木结构的三合院，一正两横，呈"品"字形。

尹珍设馆授徒，启蒙教化，分为两阶段。第一阶段是蒙学，学生学习的是字书，目的在识字。童蒙识字教材用规范的正体小篆写就，依文理编成韵文，便于记诵。教学中把识字和理解文意结合起来，学生在识字教育过程中接受一些常识。

尹珍教学十分重视文字条例，以及书法艺术，解说文字教学，极为认真，学生文字学和书法造诣都较高。第二阶段学生学习《论语》《孝经》，对学生进行较系统的儒家道德教育。即以"仁"为核心，以"礼"为形式的道德规范。

"修十义以冶七情。"教育人们以"父慈、子孝、兄良、弟悌、夫义、妇听、长惠、幼顺、君仁、臣忠"这"十义"来陶冶，约束人们在喜、怒、哀、惧、爱、恶、欲"七情"。

尹珍身体力行，言传身教，对父母兄长的孝顺，

《论语》 古代儒家经典著作之一。以语录体和对话文体为主，叙事体为辅，记录了孔子及其弟子言行，一共20卷，11705个汉字。成书于战国初期。集中体现了孔子的政治主张、伦理思想、道德观念及教育原则等。

■ 许慎著《说文解字》

对弟妹子侄的慈爱，以及忠于职守，交朋友重信义，对民众谦恭和蔼等，都被地方官和乡党舆论公认为"孝廉"楷模，名声远播。

尹珍学开馆教学、传授书法艺术的同时，自己也日习千字。

务本堂门前河边就是尹珍洗笔淘砚处。他的隶书精湛，远近闻名，求书楹联、墓碑的甚多。在开馆讲学时期，还在学馆旁建一房子，专为书写之用，后人称"碑房"。

153年，尹珍应奉任武陵太守，兴学校。尹珍虽年过古稀，但精力充沛，慕名就近前往师事应奉，学习谶纬；学成，精通"天地人"三才之道。尹珍成了饱学之士，名声大震。不久，汉代朝廷任用尹珍为尚书丞郎，尹珍应诏出仕，官至荆州刺史。

尹珍功成名就，但年老体弱，遂辞官还乡，重操旧业，将原学馆改名为"务本堂"，矢志育人。162年，尹珍病逝，葬于务本堂后，卒年84岁。

黔风贵韵

黔贵文化特色与形态

阅读链接

一次，尹珍的一个学生家因欠朱财主家几石租谷，朱财主就霸占了他家房屋，那个学生家没地方住，只得住到山洞里。尹珍决定帮助那个学生。

一天，尹珍拿出一件白衣服，并提笔在上面画了两横，说："你穿着这件衣服到朱财主家门口走几趟吧！"

学生莫名其妙，但仍照着老师的话做了。朱财主看见学生衣服上的两横后，便提出归还学生家的房屋，换那件白衣服。原来，朱财主不久前求尹珍给他家写了一块"朱门富贵"的牌匾，可是，自从他霸占那个学生家房屋后，那牌匾上"朱"字和"贵"字中间的一横就不见了。他再去求尹珍写，可尹珍说啥也不同意，于是便有了拿房屋换两横的典故。

诗文传世的作家孙应鳌

在明代，黔贵地域的文化名人当属孙应鳌。1392年，江苏如皋人孙华调龙里卫总旗，永乐年间为清平卫官，世居清平。1527年，孙华之子生子，当时恰巧其父从河中捉到一只鳌，遂取名为"鳌"。

孙应鳌自幼聪颖好学，9岁能吟诗作文。10岁起受业于塾师周慎轩门下，能"日诵千言"，十分勤学，阅尽了家藏图书。16岁时，其父调任云南保山知县，随父至保山，日不离书，口不停诵。18岁时返回清平。

孙应鳌19岁以儒士应试，时王阳明弟子徐樾以提学副使督学贵州，一见孙应鳌而大奇之，许必魁多士，于是把王阳明、王心

贵州名人王阳明画像

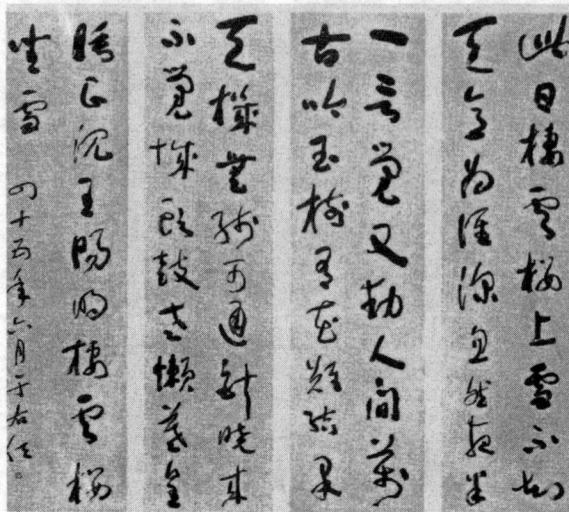

■ 王阳明的书法作品

黔风贵韵
黔贵文化特色与形态

斋之学传授给孙应鳌，孙应鳌于是成为了王阳明的再传弟子。次年，孙应鳌乡试以《礼经》中第一名。

1547年，孙应鳌入京应礼部试落第，入太学就读3年。1550年，孙应鳌再入礼部会考，又落第。时患肺疾，昼夜吐血，回清平就医，病稍愈，发奋学习。

1553年，孙应鳌第三次应试，中进士，随即入选庶吉士，复读中秘书，备朝廷内阁选用。28岁时，被礼部尚书徐阶请留于史局，因遭严嵩阻挠，改任户部给事中，第二年改任刑部右给事中。

孙应鳌34岁时，出任陕西提学副使，即建立正学书院，并亲书《谕官师诸生檄文》，提出了"崇制、订学、论心、立志、破迷、修行、规让、饬礼、励勤、戒速、博理、讲治、进业、惇友、养蒙、严范"的教育治学主张，被陕西推崇为办学宗旨。1563年，孙应鳌升任四川右参政，次年移镇剑南。

1567年，刚进不惑之年的孙应鳌升任四川右佥都御史，抚治郧阳。时郧阳涝旱交错发生，百姓处于水深火热之中。孙应鳌体察民情，同情百姓，上疏朝廷请免光化等县秋粮，获准。穆宗皇帝继位，望治心切。孙应鳌及时地向皇帝提出了"勤学、励政、亲

进士 是古代科举殿试及第者之称。意为可以进授爵位之人。隋炀帝大业年间始置进士科目。唐代以进士和明经两科最为主要，后来诗赋成为进士科的主要考试内容。分为三甲：一甲赐进士及第；二、三甲，分赐进士出身、同进士出身。

贤、远奸"等10条建议，并被采纳。

同时，在皇帝面前揭露了太和宫宦官吕祥贪赃枉法等罪行，使吕祥遭到皇帝斥逐。吕祥党羽随后便制造流言蜚语对孙应鳌进行攻击。1569年，为避免遭受陷害，孙应鳌被迫托病辞官回归清平故里。

孙应鳌是王阳明学派的卓越再传弟子，心学研究十分有成，学识非常渊博。回到清平以后，众生倾慕其非凡学识，纷纷前往求学问教。孙应鳌为满足大家的要求，遂建立学孔书院以居学徒，建立平旦草堂以接待文人墨客，研书论学，并著有《平旦草堂咏怀》。

1575年，孙应鳌48岁时，升迁为户部右侍郎，不久又改礼部，掌国子监祭酒。他全力整顿国子监，使其出现了"严监视、勤考课"的新局面。

同年，神宗皇帝御驾国子监，孙应鳌进讲《尚书·无逸篇》，借周公对成王的告诫，委婉地劝谏神宗不要贪图享乐，要体察民间疾苦，勤于政务，爱护百姓，以图中兴。孙应鳌阐述精辟，入情致理，

■ 王阳明和他的弟子们

■ 汤显祖（1550—1616），明代著名戏曲家、文学家。著作有传记《牡丹亭》《邯郸记》《南柯记》《紫钗记》，合称《玉茗堂四梦》，以《牡丹亭》最著名。在戏曲史上，和关汉卿、王实甫齐名。

使得神宗皇帝大悦，破例命坐、赐茶，次日又赐大红纻罗衣料各一套，随后御书"学二帝三王治天下大经大法"字幅，悬挂于文华殿作鉴借。

孙应鳌不仅是明代的名臣，更是在王阳明学说思想影响下，成长为明代四大理学家之一。其学说的中心思想是"求仁"，他进出"无欲""无欲就是天理"，以"无欲"达到"求仁"的目的，继承了王阳明学说思想。

1577年，孙应鳌进入"知天命"之年。他经历了官场的险滩旋涡，看够了世间百态，尝尽了人生酸甜苦辣，遂以病辞官回清平，精心构筑学孔精舍，潜心著述。

此后，朝廷先后于1579年、1583年两次分别以国子监祭酒故重新起用，复起官刑部右侍郎让孙应鳌回京城，他都借病推辞。

1584年，朝廷又任命孙应鳌为工部尚书，他还是

吴国伦（1524—1593），字明卿，号川楼子、惟楚山人、南岳山人，明朝嘉靖、万历年间著名文学家，与李攀龙、王世贞、谢榛、宗臣、梁有誉、徐中行等七人并称"后七子"。"后七子"前期，以李攀龙、王世贞为代表，王死后，吴国伦成为文坛盟主。

疏辞不赴。明廷三次起用，而且职位逐次提高，然而孙应鳌却一再疏辞不就。

在第三次疏辞不就的当年冬天，孙应鳌溘然辞世，享年57岁。

在诗文方面，孙应鳌不仅冠冕黔中，而且名播海内。与当时文坛巨擘王世贞、吴国伦等人均有诗文唱酬交往。

在诗文创作上，孙应鳌力主人心自立、自主，"读书作文，全是真宰运用，是我制外"，绝去依傍。

所阐述的情志并举、率性而真，重"风骨"而轻"色泽"，以"妙悟"超"兴象"等文学理论，在前人的基础上，有所创新，极富生机与活力。和当时思想家李贽、徐渭、汤显祖等一起，站在文学革新思潮的前列，推动着晚明文风的巨变。

此外，孙应鳌还是书法家，大小兼能，特擅楷、行。其书法以欧阳询为基础。参柳公权笔意，端庄严劲，亦如其人。楷书《谕陕西官师诸生檄》遗存西安碑林。福泉有《分守新镇道题名碑记》。

阅读链接

孙应鳌学识渊博，勤于治学，著作颇多，内容涉及哲学、政治、教育、文学、史学及音乐诸领域。

其见于《明史》的有《学孔精舍汇编》《淮海易谈》《吕律分解发明》《论学会编》。

见于《理学传》和《千顷堂书目》的有《春秋节要》《四书近语》《左粹题评》《教秦语录》《雍谕》《学孔精舍续稿》和《道林先生粹言》。见于《温纯恭毅集》的有《教秦总叙》《归来漫兴》。

其最完整的就是1910年7月印行的炉山李氏珍藏本《孙应鳌遗书》。

影响西南的巨儒莫友芝

莫友芝画像

1811年农历五月初三，莫友芝出生于贵州独山州城北兔场上街的一书香世家。其父莫与俦是1799年进士，曾任翰林院庶吉士、四川盐源知县和贵州遵义府学教授，著有《二南近说》《仁本事韵》《贞定先生遗集》等书。

莫友芝自幼聪慧，3岁能识字，7岁时已能背诵不少诗词。一天，他看到草堂外竹林深处，隐现出远山的影子，忽然想起晋代诗人谢朓"竹外山犹影"的诗句，便请父亲将他们读书的草屋取名"影山草堂"。从此影山草堂远近闻名。

莫友芝8岁时，除《六经》外，增读《四书》并开始学《苍雅》文字之学，由于他聪慧，记忆力强，进步很快，常受到长辈嘉奖。加上自小尊老爱幼，深得乡里好评。

一天，父亲的同年好友夏鸿时来访，见莫友芝在读《尚书》，于是举书中成语命对。友芝所答深称夏意，当即答应将其三女许配给友芝为妻。这年，友芝11岁。

1828年，莫友芝考取秀才；1831年考取第十一名举人，后屡试不第。

1847年，客居曾国藩幕府，代曾氏收购江南遗书，后为曾国藩督领江南书局，担任校勘经史之职。

1865年，莫友芝任金陵书局总编校，定居金陵，以"影山草堂"作为书屋的名字。

影山草堂收藏的书籍以明清精刻、精抄、精校本为多，尤其以唐代写本《说文解字》残本最为珍贵，是唐宪宗元和年间遗物。

曾国藩见此书后，赞叹不已，即命刻版传世，并为之题词："插架森森多于笋，世上何曾见唐本！"

1870年，莫友芝任扬州书局主校刊，李鸿章、张之洞特邀其为武昌书院的主讲，他以衰老为由推辞

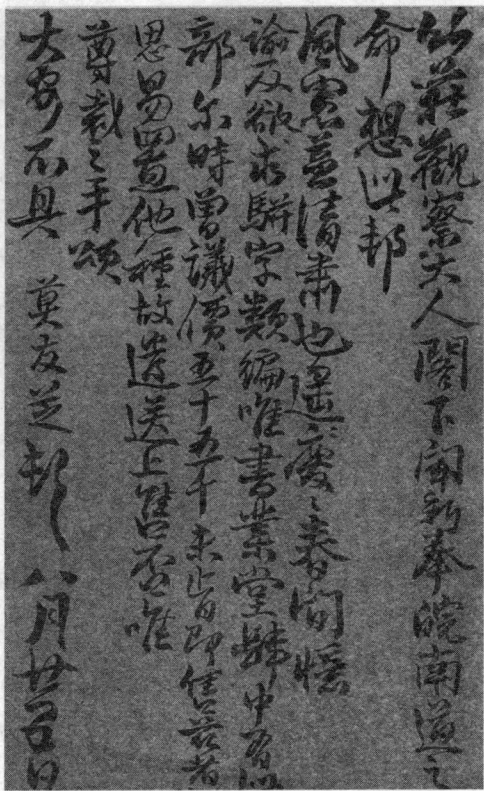

■ 莫友芝的行书作品

谢朓（464—499），字玄晖，陈郡阳夏人。高祖据为谢安之兄，父纬，官至散骑侍郎。母为宋文帝之女长城公主。谢朓主张把讲究平仄四声的永明声律运用于诗歌创作中。他与刘宋山水诗人谢灵运并称"大、小谢"。

■ 莫友芝与曾国藩

张之洞（1837—1909），字孝达，号香涛、香岩，又号壹公、无竞居士，晚年自号抱冰。直隶南皮，即今河北省人。洋务派代表人物之一。提出"中学为体，西学为用"，是对洋务派和早期改良派基本纲领的一个总结和概括。与曾国藩、李鸿章、左宗棠并称晚清"四大名臣"。

不就。

次年，到扬州、兴化寻找文宗、文汇两阁被焚后散失的图书，突感风寒，高烧不退，病逝船中，归葬于遵义新舟青田山。

曾国藩亲笔书写了一副挽联：

京华一见便倾心，当年虎市桥头，书肆订交，早钦宿学；

江表十年常聚首，今日莫愁湖上，酒樽和泪，来吊诗魂。

莫友芝一生著述甚多，他的《宋元旧本书经眼录》及附录、《知见传本书目》《恃静斋藏纪要》为目录版本学者所重视。《韵学源流》《唐写本说文木部笺异》1卷等为声韵、训诂研究做出了贡献。

他的文学作品格调高，产量多，反映了当时社会各方面的现实生活。

他的《郘亭遗诗》收集诗作546首；《郘亭诗抄》收集401首；《影山词》收集词作百余首；另著有《素阴杂记》1卷，《樗茧谱注》1卷，《资治通鉴索隐》等。

此外，他还收集了贵州266家诗人的诗2290余首，编成《黔诗纪略》33卷。这些著作，有很高的文学价值和史料价值。

莫友芝精于书法，为清代十大书法家之一。清代晚期著名的外交家和散文家黎庶昌评其书"分篆高骞，冰斯雄睨"。

篆书 是大篆、小篆的统称。大篆指甲骨文、金文、籀文、六国文字，保存着古代象形文字的明显特点。小篆也称"秦篆"，是秦代的通用文字，大篆的简化字体，其特点主要是形体齐整、字体较籀文容易书写，它是大篆由隶、楷之间的过渡。

■ 莫友芝的篆书作品

题跋 题，指写在书籍、字画、碑帖等前面的文字；跋，指写在书籍、字画、碑帖等后面的文字，总称“题跋”。内容多为品评、鉴赏、考订、记事等。若是书画家本人所题，称本人题跋，他人所作，称他人题跋。同时还分为作者同时代人题跋，或者后人题跋。

莫友芝书法四体皆精，而最为人称道的是他的篆书。他的篆书，取法颇丰。在清代以篆书名世者，如钱坫、王澍、孙星衍、洪亮吉等人皆以硬笔、短毫、枯墨作篆，用笔结体专以工稳、匀称为能事。

而莫友芝继承了邓石如以长锋羊毫，浓墨悬腕作书的方法。用笔舒徐流走，一波三折，遒丽厚重甚为精到；结体上紧下松；章法、行列有致，风格平和简静，气宇轩然，遒丽天成。于名家林立的清代书坛中独树一帜。

在隶书方面，莫友芝也是颇有成就的。其风格高古，喻巧于拙，笔势方圆互用，结体因字立形，一扫长期以来隶必扁长的积习。其章法，多以纵向取势而气韵生动，显得格调高古，气象浑穆。

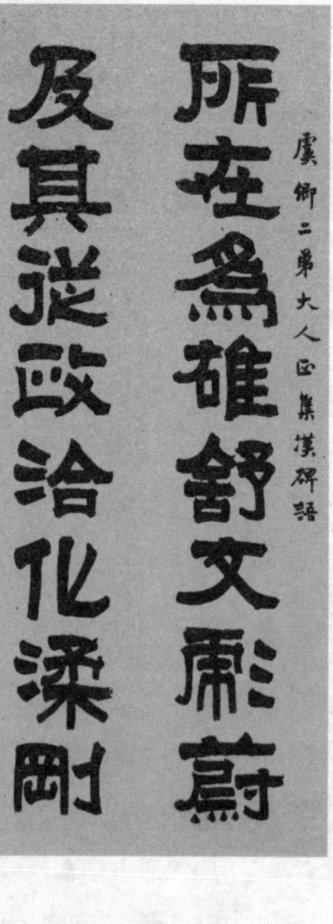
所在為雄舒文彪蔚
虞卿二弟大人正 集漢碑語
及其從政洽化柔剛
郘亭莫友芝
■莫友芝的楹联作品

由于莫友芝喜收藏，眼界所及异乎常人，故从其书中都打下许多名碑印记，如《礼器碑》中的飘逸、《张迁碑》中的古拙、《衡方碑》中的浑穆、《夏承碑》中的使转以及《天发神谶碑》中的用笔、《白石神君碑》中的结体，成就当颉颃于汀州和子贞。

在行、楷方面，虽然他的影响远不及其篆、隶书那样巨大。但他在以魏入行的探索上似有筚路蓝缕之功。

由于其作品遗留较少，只能从他的一些书信、题跋等手札中去管窥其成就。其用笔貌似漫不经心，但是却有自然飞动之妙。

章法行气一气呵成，大小相间参差错落。既有山重水复之跌宕，复具柳暗花明之开朗。气韵生动，余味悠长。

莫友芝的楷书以鲁公为根底，融会汉、魏风格，显得气象浑朴，自出机杼，书卷气十足。

莫友芝虽然出生僻壤，但他勤于学术、长于诗词、精于收藏，朋辈中又多社会贤达、学界泰斗，故而能够"学""识"相长，使其得以雄视阔步，特立独行书坛。

莫友芝一生甘于淡泊，专于学问。书法上无意名家，却备受后世推崇。清代论书者多以邓石如为书坛冠冕，却又不约而同把莫友芝与其相提并论。

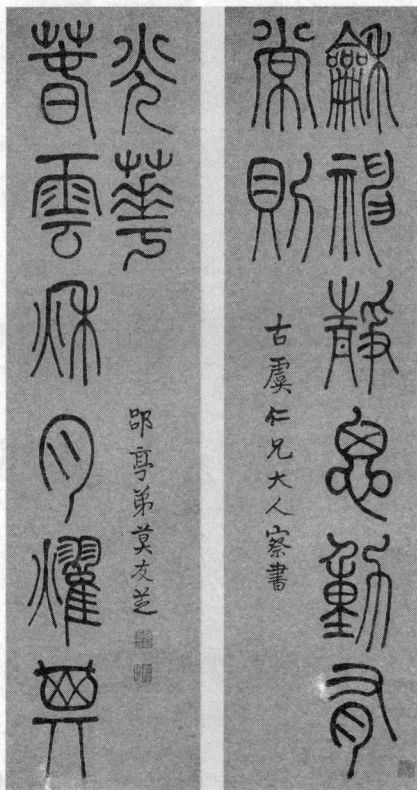

■ 莫友芝的篆书作品

029

文明奠基

历史遗韵

阅读链接

1847年一天，莫友芝来到琉璃厂看书，欲买些好书卷席回黔。他在书肆索检书目时，正巧遇到来肆内阅书的当朝翰林院侍讲大学士曾国藩。

曾国藩见莫友芝相貌平平，但是遴选的书却非同一般，便主动与莫攀谈起汉学、朱程理学等。在交谈中，曾国藩不禁为莫友芝的渊博知识而叹服，问其姓名、籍贯之后，不禁叹道："黔中固有此宿学耶！"

清代诗坛大家郑珍

■郑珍画像

1806年农历三月初十，郑珍生于遵义西乡天旺里河梁庄玉磬山脚下的儒医之家。

郑珍5岁时便由爷爷郑仲桥启蒙识字，后随父郑文清课读，11岁入私塾，12岁就读于遵义湘川书院，攻研《四书》《五经》，涉猎诸子百家，极嗜读书。

母见他与众不同，舍弃耕田，在郑珍14岁时举家迁东乡乐安里的尧湾，与外祖父黎安理家就近而居，并拜舅父黎恂为师。

舅父黎恂，曾任浙江桐乡县令，藏书甚丰。郑珍常走读于舅父家，每次舅父都装一箱书给他。

郑珍从早至晚肘不离案，衣不解带，一天要读若干万言，后又专心致志地攻读宋代周敦颐、程颢、张载和朱熹的著作，仔细研究程朱理学。

如此数年，学业上有了十分显著的长进，著有《仪礼私笺》《说文逸字》《说文新附考》《巢经巢集》等。

1825年，侍郎程恩泽督办贵州学政，择优选拔他为贡生。程恩泽系汉学家，为当时宋诗运动领袖，指导他说："为学不先识字，何以读三代两汉之书。"勉励其以黔北先哲尹道真为楷模，赐字子尹，并指导郑珍读许郑之书，习宋代诗艺。

于是，他进一步钻研文字的形、音、义的源流和先秦时期各种制度。当时的学者们都十分注重考据，他继承了这种传统，实事求是地做学问，既不随便标新立异，也不轻易附和苟同。

两年后，郑珍返回遵义，拜遵义府学教授莫与俦为师，继续攻读汉学与宋学，并因此与其子莫友芝相识，共同探讨经文、切磋诗艺，结为莫逆之交。

1828年，郑珍考取秀才。1837年应聘为遵义启秀书院讲习，同年中举。候榜期间，留意收购古籍秘本，闭门研读，后落榜回遵义。

次年，受知府平翰聘，与莫友芝合纂《遵义府

■ 郑珍的楹联作品

私塾 是我国古代社会一种开设于家庭、宗族或乡村内部的民间幼儿教育机构。古人称私塾为"学塾""教馆""书房""书屋""乡塾""家塾"等，它是旧时私人所办的学校，是私学的重要组成部分。与官学相辅相成，为传递中华传统文化起到了重要作用。

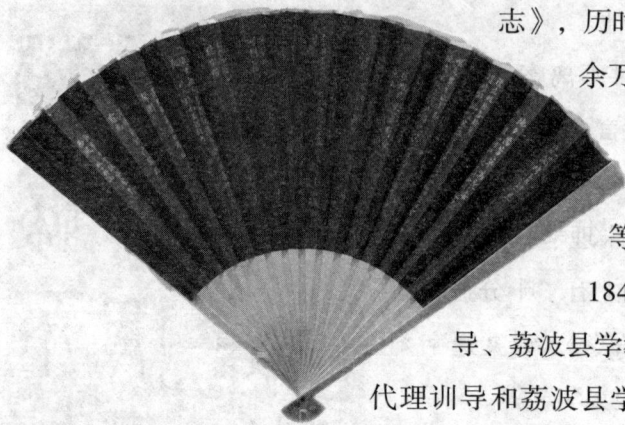

■ 李慈铭行书素骨扇

黔风贵韵

黔贵文化特色与形态

志》，历时3年，成书48卷，80余万字。其后，3次进京会试，均未中试，依例选为大挑二等，以教职补用。

1844年，任古州厅学训导、荔波县学教谕，继任镇远府学代理训导和荔波县学训导。每届任期虽不足一年，仍努力培训人才。

回遵义后，先后任启秀、湘川书院讲席，培育郑知同、黎庶昌、莫庭芝等一批俊彦。

1855年，有叛苗侵犯荔波，郑珍率兵守城。1863年，大学士祁隽藻荐于朝廷，特旨以知县分发，郑珍辞谢不就。

1864年9月17日，郑珍因咽喉溃穿而卒，葬于遵义禹门子午山。

郑珍以经学而驰名乡野，李慈铭《越缦堂日记》写道："子尹《经说》虽只一卷，而精密贯串，尤多杰见。"

莫友芝称：

子尹"平生著述，经训第一，文笔第二，诗歌第三。而唯诗为易见才，将恐他日流传，转压两端耳"。

张裕钊在《国朝三家诗钞》中，将郑珍和施闰

知府 古代官职，也是宋代至清代地方行政区域"府"的最高长官。宋升大郡为府，以朝臣充各府长官，称以某官知某府事，简称"知府"。明以知府为正式官名，为府的行政长官，管辖所属州县。清沿明制不改。知府又尊称"太守""府尊"，也称"黄堂"。

章、姚鼐并列为清代三大诗人。

郑珍著《巢经巢》中载咏及桐梓达40余首。他在经学和文字学方面的主要著作有《巢经巢经说》《仪礼私笺》《轮舆私笺》,《亲属记》《说文逸字》《说文新附考》,以及《深衣考》《老子注》《说文谐音》《释名证读》《说隶》等。

郑珍与莫友芝一起撰修的《遵义府志》,博采汉唐以来的图书地志和荒经野史,矜严体例,用了3年多时间,完成48卷刊行。

这是我国及贵州历史上编得较好的一部地方志,时人评论可与《水经注》《华阳国志》相媲美。

郑珍在文学方面的成就,主要表现在他那具有浓厚生活气息的诗作上。他家境贫寒,曾参加过砍柴、烧火、纺织、耕锄等劳作,对于民间疾苦、官吏贪酷,均有比较深切的体会。

他的诗如《捕豺行》《六月二十晨雨大降》《者海铅厂三首》《酒店垭即事》《经死哀》等真实地反映了当时社会状况。

《酒店垭即事》"井井泉干争觅水,田田豆落懒收箕。六旬不雨浑闲事,里长催书德政碑",书中所描写的封建官吏的腐败,历历在目。

郑珍诗宗奉杜甫、韩愈、孟郊、

■ 莫友芝的书法作品

知县 官名。秦汉时期县令为一县主官。唐代称佐官代理县令为知县事。宋代常派遣朝官为县的长官,称"知县事",简称"知县",如当地驻有戍兵,并兼兵马都监或监押,兼管军事。元代县的主官改称"县尹",明清时期以知县为一县正式长官,正七品,俗称"七品芝麻官"。

黄庭坚，而能"历前人所未历之境，状人所难状之状，学杜、韩而非模仿杜、韩"。

他的诗歌内容广泛，社会现实、生活杂事、个人抒情、刻画风景、咏物咏古、题咏金石、谈论艺术等，无不涉及，而艺术风格，则有奇奥和平易两种。

其奇奥之作，如陈衍所谓"效昌黎《南山》而变化之"的《正月陪黎雪楼舅游碧霄洞作》，以及《五盖山砚石歌》《留别程春海侍郎》《瘿木诗》《腊月廿二日遣子俞季弟之綦江吹角坝取汉卢丰碑石歌以送之》《安贵荣铁钟行》等。

这一类诗，"语必惊人，字忌习见"，为道光以来"生涩奥衍"一派之冠。而其实在郑珍诗中并不占多数，也不代表其特色和成就。

郑珍也工书画，楷书学颜、欧，参以二王笔意；行草出《争座位帖》，篆书效李斯、李阳冰；隶书习汉碑，也师邓石如；拜山水画宗董其昌，苍朴萧散，均有独创风格。

阅读链接

郑珍的母亲黎氏是沙滩文化启蒙者黎安理的三女，又是沙滩文化推向辉煌的关键人物黎恂的胞姊。因早年家境贫寒，她从小在困苦环境中磨炼，又受家风熏染，一辈子勤劳简朴。她对子女教育严格，救助贫苦，邻里和睦，手不辍劳作，所以郑珍的品德情操，受母亲的影响极深。

郑珍14岁那年，因为老家天旺里一带社会风气极坏，游惰者成群结队，聚众赌博、骗取钱财、酗酒闹事等事件时有发生，郑母深恐这种恶习祸及子孙，毅然迁居到文士荟萃、乐诗读文、文化环境丰沃的沙滩村。在这里，郑珍的外祖父和舅舅黎恂以深厚的家学哺育着这位未来巨儒和诗家的成长。

在漫长的历史发展过程中，贵州各族人民努力开发这片被外人视为"荒蛮"的土地，同时也不断地积极吸收中原文化和周边各地文化，经过融会贯通，在明清达到繁盛，出现了文化多元并存、共同发展的新局面。

尤其是在工艺、服饰、建筑等方面形成了自己丰富独特的文化形态，如斑斓多彩的贵州蜡染、宏大壮观的青龙洞、秀甲黔中的甲秀楼、誉为建筑奇葩的平坝伍龙寺，以及侗族、布依族建筑……

独特文化

地方之魂

原始古朴的贵州岩画

贵州"地无三里平"，山多崖壁多。在这崇山峻岭、大江小溪边，掩藏和流淌着数不清的秘密。岩画便是其中之一。

贵州岩画主要分布在六枝、开阳、关岭、贞丰、长顺、丹寨、龙里7个县境内，其地域的跨越从西到东的直线距离约有100千米，南北距离约有120千米。

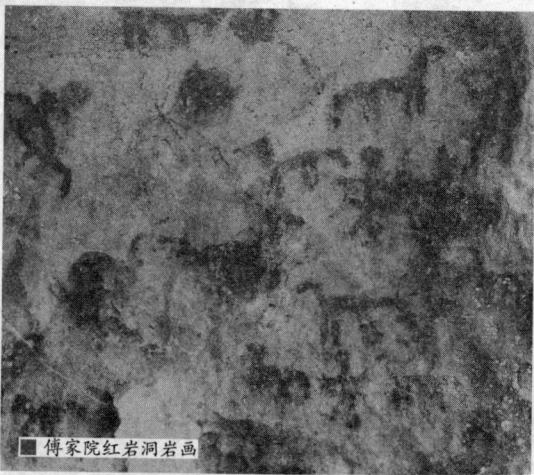
■傅家院红岩洞岩画

贵州已发现的岩画从东至西分别是丹寨县的银子洞岩画、开阳县的"画马岩"岩画、龙里县的巫山岩画群和"写字岩"岩画、息烽县的大塘口岩画、长顺县的傅家院红岩洞、白岩洞岩画群、紫云县的打鼓洞岩画、安顺市的"画马岩"岩画、册亨县的郭家洞岩画、贞丰县"七马图"岩画、镇宁县的纪乐村岩画、关岭县的"马马岩"岩画和牛角井岩画、安龙县的七星洞岩画、六枝特区的桃花洞岩画、兴义县的猫猫洞岩画。

■ 龙里县巫山岩画"奔马"

贵州岩画具有完整的文化系列，是社会发展的真实写照。

人类最早住在山洞里，长期以狩猎为生。六枝桃花洞岩画、红岩脚岩画、傅家院岩画就体现了这一社会情境。

桃花洞岩画分布在洞口左右石壁上，左面一幅画有人及畜、禽等动物10余个。从人物动作及鸟、兽的位置分析，推测为一幅"围猎图"。右面一幅画有太阳、动物等。

红岩脚岩画因画于一堵红色岩壁下方而得名。岩高百余米，宽300多米，岩画分布在高10余米，宽50余米部位上。大多以赭色涂绘，有猪、鹿、人、手等图形，隐约可见图像数十个。

岩画上的猪，颇像野猪，作仓皇逃跑状。鹿身上，有的画有斑点，有的只画头和角。人为涂绘，多作奔跑状；有的只画手掌和手指，而且用"阴绘"法，即五指及手掌轮廓为赭色。综观整幅画面，似为

龙里 以龙之故里而得名。自古以来，龙里就是贵阳的东大门，是东出三湘南下两广的要津。龙里的建置，最早见于唐代。629年，置庄州，领新安等7县。宋代，新安县降为羁縻县。元代，新安县改书定远府。明代，新安县废。清顺治年间，置巴江卫。后来改龙里卫为龙里县，属贵阳府，沿用至今。

■ 开阳县小崖口岩画

铜鼓 是古代西南少数民族的一种具有特殊社会意义的铜器。自春秋战国直至明清均有铜鼓，而以汉代制作得最为精美，式样最多。依照铜鼓流行地区和式样不同，可分为滇系和粤系两大系统。滇系铜鼓体型较小，花纹大都用单弦分晕，晕圈构成大小宽窄的变化。粤系铜鼓体型高大，鼓面多有立体的青蛙浮雕。

一幅围猎图。以野鹿为猎物，在贵州属首次发现。

傅家院是长顺县威远乡的一个村寨，傅家院岩画就在离寨子不远的两座山崖上，一处叫红崖洞，一处叫白崖洞。红崖洞岩画保存完好，除因风雨侵蚀引起的部分画面颜色变淡及岩石风化使画面剥蚀外，很少见人为的损坏。

在傅家院岩画中心部位有一组色彩鲜明的图像：右边有一圆，圆中有8棵放射状线发于红色圆心；左边有一人形，双手分举与肩平，一横线如棒举于手上。分析认为圆形的图案是铜鼓，人形是在举棒击鼓，因而定之为"法师击鼓图"。

傅家院红洞岩画上有9个人形，或骑马或步行，其中4人腰间有如刀之类的器具，杂于14个如狗如兽的图形里，整个形成一包围圈。画中间还有数个小点如兽脚印。这是一幅场面壮观、气氛紧张的狩猎图。

在黔贵地域，在很长一段历史时期内，人们过着游移不定的放牧生活。关岭马马崖岩画对此有生动描绘。"马马崖"，因绘画马匹而得名，现仍明显可见8个人、4匹马、一只狗、一只鸟及其他一些图像。

通观全画，似为一幅"放牧图"：年轻力壮的牧民跃马扬鞭，奔跑在前，其后群马紧跟。男孩追随大人外出放牧，情态欢跃。妇女留在住地，不能上山的女童，陪伴家人，作舞蹈状。

贵州各族人民的祖先，早已从事农业生产。古代农耕情形在长顺"红洞"岩画上清晰可见。

"红洞"岩画的最大特点是画有太阳、田园、人扛犁和其他农具等。人物头戴斗笠，农夫肩扛农具，四周大片田园，显系"农耕图"。

贵州系列岩画，除反映社会生产外还反映社会生活、精神生活。开阳"画马崖"岩画，堪称民族风情的历史画卷。

"画马崖"岩画位于南明河下游清水江畔，分大崖口、小崖口两处，相距300余米。两处画人、星星、山路、乌云等图像150余幅，悉以赭色涂绘，图像大小有别。

龙里县巫山岩画群是贵州已发现的面积最大、图像最多、内容最丰富、保存最完好的岩画群，由抄纸岩岩画、大砂田岩画、猫脑壳岩画3部分组成。

在关岭县板贵乡牛角井的一个黎族村寨附近，有"白岩

犁 是一种耕地的农具。我国古代的犁是由耒耜发展演变而成，商朝出现了形制简陋的犁，西周晚期至春秋时期出现铁犁，西汉时期出现了直辕犁，隋唐时代出现了曲辕犁。除犁头扶手外，还多了犁壁、犁箭、犁评等。

■ 傅家院红洞岩画

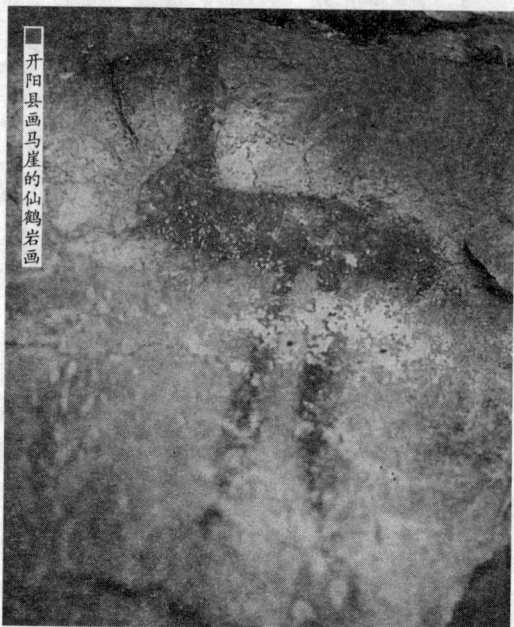
开阳县画马崖的仙鹤岩画

脚"和"三面坡"两处岩画。"白岩脚"是一堵高大的白色石灰岩断崖，环绕着这堵断崖的白色石壁一共画有3组岩画。画有人物、太阳和一些符号，岩上有一道1831年的墨书"符咒"，其间有赭红色的圈点。

"三面坡"岩画画有两个各自独立的图形，一个是较为明显的人物形象，脸部可见眼鼻口。另一个也是怪异的图像。

贵州岩画是一份珍贵的历史文化遗物，在这份形象化的图式文本中积淀着贵州古代历史以及贵州本土少数民族丰富的文化信息，对于研究贵州的古代经济、文化艺术、先民的生存状况等，是不可或缺的珍贵资料，具有重要的价值。

阅读链接

贞丰"七马图"正是山区常见的运输场面。"七马图"绘于岩石嶙峋的花江河畔，黑线白描，画马7匹，朝同一方向奋力攀登，背上均有货鞍。每匹马高约5厘米，长约10厘米，差不多一般大小，均系墨线白描方式画成。这幅岩画十分接近现实生活，应当称为"马帮运输图"。

此外，马岩岩画以两匹奔马为最醒目，也因此而得名。岩画的面积约为8平方米，由20余幅图像组成。

精巧浑厚的摩崖造像

利用天然崖壁或洞壁，雕琢人物、动物，特别是佛、菩萨、神仙、道士等形象，谓之"摩崖造像"。

在贵州，已发现的摩崖造像主要有赤水葫市摩崖造像、石鹅嘴摩崖造像、两会水摩崖造像、习水袁锦道祠摩崖造像、遵义明阳洞摩崖造像、金沙观音洞摩崖造像、兴义菩萨洞摩崖造像、普安观音洞摩崖造像、册亨观音崖摩崖造像、施秉华严洞摩崖造像等。

习水县望仙台摩崖内韦陀像

赤水葫摩崖造像，位于赤水河河滩右岸石壁上，坐东北朝西南，东西长30多米，占地面积约300平方米。按其布局可分为西北、东南两窟；西北窟为佛寺，东南窟为家祠。

■ 赤水河河谷

释迦牟尼佛 原名乔达摩·悉达多，古印度迦毗罗卫国释迦族人，佛教的创始者。成佛后被称为"释迦牟尼佛"，被尊称为"佛陀"。在佛教中记载，农历四月初八是释迦牟佛诞辰日。在三藏典籍中，佛陀的生活是佛陀言教的重要组成部分，因为佛陀以言示教，以身示教。

西北窟为清嘉庆年间例赠徽仕郎袁锦道修建生祠时开凿的石窟寺。雕琢佛像3尊；中为释迦牟尼佛，左为迦叶，右为阿难；均高2.3米，背部有圆光浮雕，并施以色彩，身披袈裟，结跏趺坐于高0.4米的莲花宝座之上。

坐像之下，石砌神台"八"字排开，有圆雕神像48尊，大多不合佛教造像仪轨。龛顶刻"真如密谛"4字。碑刻载：造像群成于清嘉庆十五年冬月。

在48尊神像中，大者高达1.2米，小者高0.5米。姿态各异，形象生动。有侧身而立，有正面端坐。头戴宝冠的大佛，袖手结跏趺坐于须弥座上，着袈裟，雕纹细致流畅；双目微合，两耳肥大，头稍前倾，表情严肃。

莲花座上的观音，身披璎珞，丰腴而不肥胖，秀丽而不羸弱，面相慈祥。美髯关公，身跨枣红马，手提偃月刀，双目炯炯，威仪可畏。其他各躯，在艺术处理上也各具特点。

东南窟为袁锦道祠。凿岩为龛，石龛雕四柱三门石牌坊，总高3.7米，进深1.2米。龛内，袁氏及其一妻二妾圆雕石像正襟危坐，袁像高1.16米。

该石窟寺"寺祠合一，神人共塑"，有"贵州第一石窟"之美誉。

赤水市两会水石窟位于赤水河中游支流风溪河上游，地处盘龙沟与黄莲沟两条山溪交汇处"老虎嘴"的山岩上。石窟全长6.3米，高5.4米，进深3.8米，在窟后壁上，削崖为龛，内中镌刻浮雕和圆雕结合的大小佛像3组共8尊。据窟中残碑记载，清咸丰年间，佛像为彩装。

主体造像并排4龛，每龛内塑造像1尊；龛下沿距地面高2.8米。中偏右为释迦牟尼佛像，高1.97米，宽0.9；右为普贤菩萨像，左为文殊、观音菩萨像。

这组造像下侧有一佛龛，长1.2米，高0.95米，龛内并排镌刻目连、达摩

袁锦道（1739—1816），贵州习水人。从小苦读诗书，不热衷功名，一心兴办实业，繁荣乡梓。共办厂48家，包括铜厂、锅厂、纸厂、碗厂、和钱币厂。修建石板道，联通各作坊，开筑道路。1816年安然辞世，后代为他修建了石墓，族人尊称他为宗圣公、锦道祖。

043

地方之魂

独特文化

■ 赤水十丈洞瀑布

遵义市永安乡杨粲墓前室雕刻

坐像各一尊。在释迦牟尼佛像正上方有两小圆龛，每龛直径0.6米，龛内是祥云护托的"护法僧"。

石窟内造像布局适当，形体比例匀称，龛座和龛壁图案精致；佛教人物形象神态安详，形体丰腴，给人以亲切感，所戴胄卢精致透雕，富于生活情趣，显示了古代造像工匠高超的艺术水平和卓越的创造才能。

两会水摩崖石窟造像最初开创时代已不可考，佛像彩饰于清代咸丰年间，维修殿庙于1872年，称"会水寺"。

这组造像型制、技艺为赤水境内罕见，比较集中地反映了黔北赤水河流域文化艺术发展的印痕，是研究古代赤水社会经济、文化风俗情况的重要实物证据，成为赤水乃至贵州省古代艺术的奇葩，具有很高的价值。

石阡县汪河石窟位于石阡县汪河乡水塘坡上老屋基北侧。窟高2.7米，宽9米，有板状岩石两块盖满窟顶，内有如来、弥勒、燃灯等4座

黔风贵韵

黔贵文化特色与形态

大石佛像，全系利用窟内天然岩石形象加以人工雕琢而成，另供有人工雕刻的小佛像2尊。

相传明万历年间，石阡人、云南曲靖知府杨维钥之母冯氏死后，挖墓井时发现。杨氏遂另择葬于窟南侧约百米处，并在石窟旁建华峰寺。后寺毁，石窟中三大佛像头部被损坏，燃灯佛像大体保持原状，小佛仍完好。

金沙观音洞摩崖造像位于金沙县岩孔镇西。在岩壁上有一个10平方米左右的洞穴，因洞前有观音寺故名观音洞。洞内西面岩壁平行线上自北而南依次雕琢有释迦牟尼、观音和文殊3尊佛像。

佛像距地面约3.8米，各占0.6平方米，结跏趺坐于莲台，闭目合掌，手托圣瓶；或立于云端手持拂

■ 贵州赤水丹霞地貌

■ 赤水市佛光岩

尘。构图严谨，线条流畅，形象生动，肃穆泰然。

施秉县华严洞位于施秉县城西甘溪乡凉风坳。明代万历年间，郭子章曾在洞外建华严寺、玉皇阁、万寿宫，后毁。洞口宽5.7米，高2.56米。洞分两层，洞宽4至20米，高2至30米，人可直立通行处约60米。下层春夏有泉水溢出。洞上层左岔，距洞口36米，有石雕武神像一尊，戴盔着甲。

洞上层中岔，距洞口30余米，高出洞底5米的天然石穴中，钟乳下垂，形如帷幔，有钟乳石雕刻的大士像端坐其中，右腿盘坐，右手垂于上；左膝屈，左手扶膝；五指关节，清晰可见；胸挂佛珠，粒粒可数。刻工细腻，形态优美。依石造像，别具匠心。

洞内外有明清摩崖16处。其中，洞内3处，镌刻最早的"灵云盘结""洞天福地"，时间均为"万历丙申"。紧靠洞口有摩崖"山光草色天成秀""水曲崖奇地结灵""西峙飞来""衔花处""空中楼阁""洞天深处"等。摩崖题刻除洞中3处外，其余分刻在100平方米的铁青石壁上，字大的如斗，字小不盈拳，布局得宜，集行、草、楷书于一壁。

兴义菩萨洞岩溶造像位于兴义城南泥凼乡龙荫山南侧，该山石呈银灰色，当地称"白云石"。菩萨洞居山腰，开阔明亮。清代光绪年间，当地人以其洞天然胜景，捐资培修，依山临崖，凿石铺路，利用钟乳石自然形态刻制佛像，因名"菩萨洞"。

菩萨洞分4厅，曲径沟通其间，底层通道，二层长、宽各5米，在洞左钟乳丛中刻1石象，背承道顶盘龙柱1根；三层长8米，高3.5米，宽5.2米，前壁洞开，洞右前壁上，刻高1.12米石佛1尊，再右又依岩石形态。

浮雕一奔跃的雄狮，厅中部偏左处，在直径0.7米的钟乳柱上，刻一手执双镜的骑虎武士，面向洞口，武士头部被毁，造像残高1.56米；四层长9米，宽2.4米，高2.2米，前壁有洞。

厅左10条钟乳组成的圆柱上，刻一神态自若手捧净瓶的观音莲台像，在后壁长5.7米、高1.7米的白云石岩壁上，用透雕结合的技法，刻成龙、狮、虎、豹、猴、鹿、鹰、鹤、雀、燕等动物群像以及莲花、牡丹等花卉，刻艺精湛，造型生动。

普安县观音洞位于普安

■ 贵州遵义杨粲墓出土的佛像

贵州遵义田通庵墓出土的塑像

县城南门外。1783年，经过修茸，于洞门两旁依石崖透雕二龙戏珠，崖壁上清流漱石，阴刻楷书"甘露泉"3字。下有石槽，状如葫芦，清水一泓，四时不竭，阴刻楷书"龙饮池"。

洞壁上有浮雕佛像，洞里有浮雕观音端坐莲台像，并建真武庙于崖畔青龙山巅，建关帝庙于崖脚溪畔，筑八角凉亭于滇黔古驿道旁，竖石碑于洞侧纪实。时人誉为"佛洞钟灵"。寺庙亭阁及浮雕石像后俱毁。

精巧浑厚的摩崖造像，充分显示了古代黔贵人民高度的创造智慧与雕刻艺术才能。

阅读链接

袁锦道出生于1739年，名翔之，字宗圣，清代怀阳县丁山里人，祖籍江西省泸陵县，其先辈袁世盟是宋端平初朝中一员大将。当时的贵州居住少数民族多，受汉文化影响少而经常发生动乱，被称为"蛮夷之邦"。

南宋王朝为使边疆安宁，便令袁世盟来贵州"平蛮"。其后，朝廷又命"留世盟镇其土"，于是袁世盟奉旨长期居黔北而未返江西，其子孙代代相传，袁锦道便是袁世盟的第二十代子孙。他先后娶一妻二妾，妻为穆氏，妾为傅氏、杨氏，生有8子，传有10余代，后裔万人，多分布在习水县的三岔河、程寨、土城、民化、同民、醒民和赤水市的石宝、官渡、长期、长沙等乡镇。

斑斓多彩的贵州蜡染

贵州是个神奇而美丽的地方，那里居住着17个少数民族，有苗族、瑶族、布依族、侗族、水族、彝族等。他们世代繁衍生息于斯，创造了斑斓多彩的民族艺术瑰宝，尤以刺绣、蜡染、银饰闻名于世，堪称贵州"三宝"。

蜡染，古称"点蜡幔"，也称"阑干斑布"，与绞缬、夹缬并称我国古代三大印花技艺。

蜡染产生于秦汉时期，盛于隋唐时期，至宋代，随着木版刻花、印染等工艺的出现，这种耗时的蜡染工艺在中原一带逐渐消失，却在山高路远、交通闭塞的贵州得以延续。

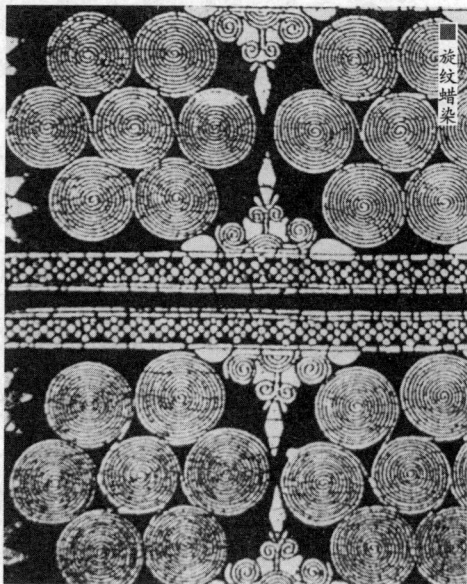

旋纹蜡染

■ 蜡染

黔贵文化特色与形态

贵州蜡染分布广泛，大部分的市、自治州、县都有蜡染制作，安顺、丹寨、黄平、榕江、织金、镇宁、贵定、龙里、开阳、纳雍、六枝和黔西等地都是著名的蜡染产地。

世居那里的苗族、布依族、瑶族、侗族等民族继承了先民们创造的蜡染技术，其中苗族的蜡染艺术成就最高。

关于蜡染的起源，各地区有着不同的传说。

在黔西北苗族中，有这样的传说：苗族先祖蚩尤战败后被黄帝俘获，黄帝将他镇以木枷游街示众，然后处以极刑。

蚩尤就义后，木枷被弃于荒野，化为枫树。从此枫树成为蚩尤的象征和化身，也就成为了苗族人民所崇拜的神树。

枫树的汁液带红色，苗族认为那是祖先的血，具有神力，于是用来描绘自己的图腾和崇拜物的形象，制成祭祀服和旗幡。

人们还发现枫液中因含有胶质和糖分而具有防染作用，染后图案更加鲜明，后来又从祭祀用品普及到日用品，这就是"枫液染"。

黔东南州从江县岜沙寨的黑苗仍保留着这种古老

蚩尤 是我国上古时代九黎族部落首长，神话中的武战神。相传蚩尤面如牛首，背生双翅，是牛图腾和鸟图腾氏族的首领。他有兄弟81人，都有铜头铁额，8条胳膊，9只脚趾，个个本领非凡。

的防染技艺，用它来描绘一些锯齿形的龙、蛇、鱼、虫以及太阳，图案极为古拙。

而在黔南布依族苗族自治州的丹寨、三都、榕江一带"白领苗"中，流传着一首欢快的《蜡染歌》，歌中对于蜡染的起源另有说法：

古时候，有10个老人造天开地，天由于不稳固而经常垮下来，老人们只好用自己的身躯把天顶住，累得腰酸背痛，于是请女神娃爽缝一把撑天伞。

娃爽采来云雾织成白布后晒在梨树之下，被风吹落的梨花掉到了布上，蜜蜂飞到落花上采蜜时将蜂蜡沾到布上印出了花朵的轮廓，地上的蓝靛草分泌出的汁液又把白布染成蓝色。

娃爽一看千辛万苦织出来的布被弄脏了，十分焦急，赶快拿到水中漂洗。

天上的火王劝她不要急，帮助她晒化了蜡。预想不到的效果出现了，白布变成了蓝底白花的美丽花布。于是，娃爽用它缝成撑天伞，蓝底成了青天，白花变成月亮和星辰。

娃爽又把这种技艺传授给了人间的阿蒲、阿仰姐妹，从此人们便穿上了这种蜡染的美丽衣裙。

051

地方之魂

独特文化

■ 花鸟纹蜡染

■ 动物纹蜡染

背扇 是用以背负孩子的"襁褓",俗称"背儿带"。是贵州少数民族劳动妇女重要的生活用品,制作工艺复杂,技法有刺绣、挑花、蜡染、织锦、布贴等。由于贵州各民族居住的自然环境、历史文化、宗教信仰等不同,背扇的艺术形式和文化内涵不尽相同,因而形成了风格各异、多姿多彩的背扇艺术。

贵州各地区、各民族的蜡染艺术风格各不相同。位于贵州中部的安顺、镇宁一带,居住着苗族、布依族,他们的蜡染各具特色。

安顺苗族喜在袖边、襟边、背扇、被面上装饰蜡染纹样,以背扇最为精美。其特点是染彩和点子。背扇的传统纹样有太阳纹、鱼纹、蝶纹、花鸟纹、马掌纹等。

值得一提的是,安顺苗族蜡染除了蓝白相间外,彩色蜡染是其最显著的特色。古老的传统方法中红色用杨梅汁,黄色用黄栀子碾碎泡水,当这两色与蓝靛相融,即形成草绿和赭石等色调。

有的以蓝色为底,配以红、黄、白、绿,色彩典雅柔和;有的则以红、黄为主,点缀黑白,光彩富丽夺目,这种五彩蜡染在其他地方较为少见。

相比之下,镇宁布依族蜡染却显得格外清新雅致,其蜡染多用于布依族妇女穿的长裙、衣袖、头帕、围腰等处,纹样多选用螺旋纹、圆点纹、几何纹、三角纹等,色彩在蓝白相间和深蓝、浅蓝与白色之间发生变化,更显恬淡大方和层次分明。

黔东南丹寨蜡染纹样造型夸张,想象奔放,构图大气,舒展挺拔。除了鸟纹,还有蝴蝶纹、龙纹、蜈蚣纹、鱼纹、漩涡纹、马蹄纹、铜鼓纹和梨花纹等。

位于黔东南的黄平、施秉、凯里等地，生活着一群特殊的土著民族部落，自称是羿的后人。他们绘制的蜡染服饰庄重别致，享有盛誉。背扇更是精美独特，分方形和长方形两种。蜡染纹样多为太阳纹、鱼纹、鸟纹、水纹、木鼓纹等。

黔东南榕江苗族蜡染的祭鼓幡，图案古朴神秘，震人心魄。

以苗龙纹样为主，龙形似蛇，或舒展，或盘旋，或爬行，或蜿蜒，或游水，或飞翔，或玩耍，或嬉戏，与鱼虾、蛙、蝶、花鸟等组成无穷无尽、变化万千的图案，自然和谐地统一在画面中。

贵州西北部的织金县，那里的苗族妇女擅长蜡染背扇的制作，图案以纤细、精巧、严谨著称，颇具细密画之风格。有的配以红、绿丝线的刺绣，像宝石一样镶嵌于蓝白蜡花之间，更显得韵味无穷。

织金的蜡染纹样以抽象的几何纹、螺旋纹和卷草纹为主，经过随意组合交错，产生绮丽的艺术效果。

木鼓 是佤、高山、苗、侗等族敲击体鸣乐器。历史久远，形制古朴、发音低沉，应用广泛。流行于云南、贵州、台湾等地。木鼓鼓面用牛皮制作而成，鼓面下面有20个木柄环绕鼓身。鼓身内部凿有扁长状音孔，里面有鼓舌和鼓牙，可以制造回音效果。

053

地方之魂 独特文化

■ 龙凤纹蜡染

蝴蝶纹蜡染

贵州蜡染艺术语言质朴、天真、粗犷而有力，特别是它的造型不受自然形象细节的约束，进行了大胆的变化和夸张，这种变化和夸张出自天真的想象，含有无穷的魅力。

图案纹样十分丰富，有几何形，也有自然形象，一般都来自生活或优美的传说故事，具有浓郁的民族色彩。

贵州蜡染艺术在少数民族地区世代相传，经过悠久的历史发展过程，积累了丰富的创作经验，形成了独特的民族艺术风格，是我国一朵极富特色的民族艺术之花。

黔风贵韵

黔贵文化特色与形态

阅读链接

关于蜡染的起源，还有一个故事：

一个美丽而贫穷的姑娘由于没有像样的衣裙不好意思参加社交活动。节日里姑娘们都穿上漂亮的服装去和小伙子跳月，她独自一人忧伤地留在家里织布。

房梁上的蜂巢落到了白布上，白布沾上了蜂蜡，姑娘没有在意发生的一切，仍将布放进靛缸中漫染，蓝布上意外地现出了白花。姑娘得到了启示，用蜂蜡在布上画花，染制成了美丽的花布。

在又一个节日的芦笙场上，穿着蜡染服装的姑娘成为众人瞩目的对象，小伙子们纷纷向她表示爱慕之情；姑娘们希望穿上美丽的服装，都来向她请教制作方法，于是蜡染的技艺在苗家女儿中流传开来。

宏大壮观的青龙洞

在贵州东部武陵山区、贵州高原向湘西丘陵过渡的斜坡地带，有一城名镇远。

镇远历史悠久，公元前202年设县，1226年，赐名镇远州，"镇

贵州青龙洞

■ 贵州青龙洞

黔风贵韵

黔贵文化特色与形态

古驿道 也称"驿道"，是我国古代陆地交通主通道，同时也是属于重要的军事设施之一，主要用于运输军用粮草物资、传递军令军情的通道。如著名的丝绸之路、古代的湖广驿道、南阳—襄阳驿道、青蒿驿道、梅关古驿道等。

远"的名称从此沿用。由于镇远地处"滇头楚尾"，历史上是朝廷控制西南边塞的第一要冲，所以有"南方丝绸之路"要塞的美称，是古代中原连接东南亚各国通道上的重镇。

镇远古迹众多，传说有七寺、八阁、九座庙。现遗存府、卫古城垣数千米，楼阁、殿宇、寺庙、馆祠等古建筑50座，古码头12个，古巷道8条，古驿道5条，古民宅33座。此外，还有古石桥、古井、古摩崖、古墓葬等。

镇远青龙洞，是贵州最宏大壮观的古建筑群，在城东中和山麓，面临潕阳河，南与镇远卫城相接，西与镇远府城相望。由祝圣桥、香炉岩、青龙洞、中元洞、紫阳洞、万寿宫等几组古建筑组成。

祝圣桥原名"潕溪桥"，俗称"老大桥"，始建于1372年。后屡毁屡建，1723年修整完成。

1878年知府汪炳嗷在桥面建三重檐八角攒尖顶楼阁，名"魁星阁"，也称"状元楼"。阁西门向府城，门额为"云汉天章"，楹联为：

轮上翠微梯，蓬岛春萌天尺五；
客来书画舫，桃花流水月初三。

魁星阁东门对中元洞，门额为"河山柱石"，楹联为：

> 扫净五溪烟，江使浮槎撑斗出；
> 辟开重驿道，缅人骑象过桥来。

据向义辑《贵山联语》载，阁二楼口挂一联，为：

> 把笛作龙吟，东去洞庭秋月满；
> 传书随凤使，西来滇海庆云多。

香炉岩为青龙洞石崖前潕阳河畔一突起的巨石，上大下小，形似一个大香炉，因而得名。明代万历年间曹学佺《贵州名胜志》、郭子章《黔记》、清代乾隆年间《镇远府志》中均有记载。

■ 祝圣桥

黔风贵韵

黔贵文化特色与形态

■ 贵州镇远香炉岩

牌坊 是封建社会为表彰功勋、科第、德政以及忠孝节义所立的建筑物。由棂星门衍变而来的，开始用于祭天、祀孔，并从实用衍化为一种纪念碑式的建筑，被极广泛地用于张表功德标榜荣耀，不仅置于郊坛、孔庙，以及用于宫殿、庙宇、陵墓、祠堂、衙署和园林前和主要街道的起点、交叉口、桥梁等处。

明代万历年间知府张守让在其七绝《香炉岩》诗中写道：

溪边流水绕香台，瑞气金炉五色开。
却是玉楼仙子度，冯夷引出博山来。

1819年，林则徐过镇远，游香炉岩，在《滇轺纪程》一书中记述：

府城有中和山，两水夹流，山居其中，石壁镌有"楚峤风顺"4字。又有香炉山，上丰下削，岩上侵"沂流光"3字。

名将李烈钧驻镇远时，常在香炉岩垂钓，曾在临江一面石壁上留有"乾坤入钓竿"大字镌刻。

青龙洞又名"南洞"或"太和洞"，始建1489年，是镇远道士李道坚来此修道观。后陆续增建为以传播道教为主的一组建筑，包括大门牌坊、灵官庙、半亭、客堂、吕祖殿、观音殿、玉皇殿等。从下往上，依崖傍洞贴壁，凌空而建。

吕祖殿，通高18.4米，开间13.8米，进深6米，建于两级高而险的岩台基上，有四层三重飞檐。屋顶由平垂脊、戗脊组成的歇山顶大殿。始建于1570年。

玉皇殿东侧洞壁有神龛，原供奉玉皇大帝神像。两旁有对联为：

成功道备，妙相卓贯千诸天；
德溥恩宽，慈光遍满在三界。

中元洞，又称"中元禅院"，明代嘉靖年间始

地方之魂

独特文化

■ 青龙洞望星楼

门楣 正门上方门
框上部的横梁，
一般都是由粗重
的实木建造。古
代按照建制，只
有朝廷官吏所居
的府邸才能在正
门上标示门楣，
一般平民百姓家
的房屋是不准有
门楣的。门楣也
有区分，有两个
门档，对应的是
五至七品官员；
有4个门档的，
对应四品以上
官员；12个门档
的，亲王以上的
品级才能用。

■ 镇远古镇青龙洞

建，1666年重修。有石隙大门、大佛殿、望星楼、独
柱亭、六角亭等一组建筑。

石隙大门楣上有一长条石额，横刻"入黔第一洞
天"篆体阴文。门内左侧有摩崖一方，阴刻横书"奇
石仙缘"，为1876年所题。大佛殿原供奉释迦牟尼雕
像，配文殊、普贤及十八罗汉雕像。

望星楼在大佛殿北侧，建于大门通道上端一块巨
大的岩石上。岩石上端遍布孔穴，原每个孔穴中都塑
有小佛像，称"千佛岩"。

独柱亭建于一块独立岩石上。只有一根中心柱，
故称"独柱亭"。亭为单檐六角攒尖顶，其相隔的三
方安装美人靠；另三方连接通道，有曲径登六角亭。

六角亭为单檐六角攒尖顶，盖绿色琉璃瓦。檐下饰如意斗拱，藻林中央有雕镂精细的双龙戏珠。亭后为中元洞，洞内有摩崖处。

紫阳洞也称"紫阳书院"，位于青龙洞和中元洞之间，为纪念宋代理学大师朱熹而建。

山门为塔式牌坊，两岩夹峙，翼角上翘。院内石壁嵌有碑刻。院北侧有一砖砌牌坊，其门楣上书

■贵州青龙洞古建筑

"登道岸"，两侧为对联："潕水无双福地，黔山第一洞天。"

穿过牌坊，即紫阳洞口石台，石台外从南到北依次耸立考祀、老君殿和圣人殿3栋建筑。紫阳书院下方为万寿宫。

镇远青龙洞建筑群，造型奇特，结构精巧，风格典雅，气势雄壮。而且与石崖、溶洞、古木、苍藤结合，融为一体而又错落有致，层次分明，表现出典型的山地古建筑风格。

阅读链接

　　青龙洞的建筑雕塑和装饰不像其他一些寺庙那样色彩鲜艳、金碧辉煌，而是古朴淡雅，别具一格。

　　就其雕塑来讲，种类有泥塑、木雕、石雕、砖雕等，技法有浮雕、圆雕、透雕、单面雕和双面雕等。图案有花鸟虫鱼、人物故事、龙凤纹、云彩纹等。

　　在众多的雕塑中，尤以万寿宫山门的石坊上两块砖雕最为珍贵，而这座山门石坊的砖雕，往往不太引人注目，它面积不大，却把青龙洞近万平方米的3组古建筑的全景，雕刻于方寸之间，缩小为原大的八千分之一。所雕的每个个体建筑物，形象逼真。技艺近似牙雕，雕深度达4厘米，实属罕见，堪称"国宝"。

秀甲黔中的甲秀楼

乌江右岸的支流南明河入贵阳后，至大南门外，出霁虹桥下，曲折而西，澎湃之势大减，积流成潭，此即涵碧潭。

潭中有巨石如鳌，平坦广阔，称"鳌头矶"，或称"鳌矶石"。"清代贵阳八景之一"的"鳌矶浮玉"，就是位于鳌矶石上的甲秀楼。

贵阳甲秀楼牌坊

■ 贵阳甲秀楼牌坊

关于甲秀楼的修建，还有一个传说：

明代，贵阳这个地方出了一位状元。官府为了讨好他，愿出巨资修一座藏书楼，作为读书场所。

为此，知府大人请了3位风水先生，在全城察看了一番之后，认为南明桥那里是块风水宝地，回来向知府大人禀报，

知府确定将藏书楼修在南明桥上，并且取名叫"甲秀楼"。

地点确定后，知府大人请来了本地最有名的一位石匠和一位木匠，带着他们来到南明桥上看一回，便下令选个黄道吉日动工修建。

知府走后，石匠师傅打了一壶酒，把木匠师傅请到家里。

两个人喝了3盅之后，石匠叹口气对木匠说："兄弟，知府大人下令造楼，哪个敢违抗。只是这南明河上，眼下就只有这一座桥贯通南北，桥上要是再

> **状元** 一般是指科举考试中，殿试考取一甲第一名的人。起初称"状头"。古代科举史上第一个状元是622年的孙伏伽，最后一个状元是1904年的刘春霖。

> **黄道吉日** 旧时以星象来推算吉凶，谓青龙、明堂、金匮、天德、玉堂、司命6个星宿是吉神，六辰值日之时，诸事皆宜，不避凶忌，称"黄道吉日"。

■ 贵阳甲秀楼

修了藏书楼，这桥就成了状元公的地盘，交通要道不就成了一块禁地吗？日后哪个还敢从桥上经过？"

"有钱的倒可以坐船摆渡，没钱的呢，就只好望河兴叹了。尤其是那些进城卖菜的、推车挑担的，就更不方便了。"

木匠说："大哥说得有道理，这南明桥确实是个交通要道，只是知府大人已经画好了圈圈，你我兄弟两人又怎敢不照办呢？"

石匠说："顾不得知府大人了。我们还得替百姓着想，不然，日后你我世世代代都要背骂名。"

木匠说："听大哥的意思，这藏书楼不修了？"

石匠说："当然要修，只是换个地方就是了。"

木匠问："换在哪里？"

石匠说："沿河下去120步，就是块好地方。"

木匠觉得这主意好，就决定这样办。

当天晚上，贵阳城内阴云密布，大雨瓢泼。

这两位能工巧匠把自己的师兄师弟、徒子徒孙召集到南明河边，连夜拦河修桥，凿木造楼。

远近的居户人家本来就担心知府大人在南明桥上造藏书楼，断了日后过河的通路。现在听说两位匠人另选了一块地方造楼，一个个都冒着风雨，赶来相助。

那天晚上，也不知道有多少男女老少在河岸边担石挑土，架梁立柱，只听得人声沸腾，惊天动地。等到东方发白，一座精巧玲珑、雕梁画栋的楼阁已经矗立在碧波荡漾的南明河新桥的鳌矶石上了。

当"甲秀楼"3个金光闪闪的大字出现在楼阁上之后，知府大人才闻讯来到南明河边。他见藏书楼没有建在南明桥上，十分恼怒，立刻传令叫两个匠人来回话。

衙役们四处寻找，就是找不到石匠和木匠的踪影。原来，这两位匠人因为害怕官府追究，造完楼后就带着妻子儿女远走他乡了。

知府大人没有办法，只好将就拿这座藏书楼给状元公了。

甲秀楼始建于1598年，巡抚江东之于此筑堤联结南岸，并建一楼以顺风水，名称"甲秀"，取"科甲挺秀"之意。

1621年焚毁，后总督朱燮元重建，改名"来凤阁"。清代多次重

■ 贵阳甲秀楼浮玉桥

修，1689年巡抚田雯重建时，恢复原名，一直沿用。

甲秀楼高约22.9米，为木结构阁楼，三层三檐四角攒尖顶，画甍翘檐，红棂雕窗，白石巨柱托檐，雕花石栏相护。

楼前有桥衔接两岸，先称"江公堤"，后改"浮玉桥"，桥头有涵碧亭，亭柱镌清代贵阳知府汪炳嗷的联语："水从碧玉环中出，人在青莲瓣里行。"

浮玉桥的桥面并不是平直的，而是有一个起伏，像一条浮在水上的玉带。在全国的风景桥中，浮玉桥是很有名的，它与杭州苏堤上的"六桥烟雨"、扬州瘦西湖的五亭桥可以相媲美。

据说甲秀楼初建成时浮玉桥有9孔，桥西侧的沙洲叫"芳杜洲"，洲上花木缤纷。月朗星稀时，桥与沙洲相映成趣，名"九眼照沙洲"。

甲秀楼前原竖有铁柱两根，一为1726年，云贵总督鄂乐泰镇压古州苗民，收聚兵器，铸铁柱标榜功

■ 贵阳甲秀楼文昌阁

■ 冬季的甲秀楼

绩；二为1797年，云贵总督勒保镇压兴义布依族王囊仙起义，收聚兵器所铸，两柱皆有铭文。

明清时期甲秀楼便是文人骚客聚集之处，高人雅士题咏甚多。甲秀楼长联是清末贵阳楹联大家刘韫良呕心之作，全文共174字，与昆明大观楼长联、成都望江楼长联鼎足而三，是我国名楼三大长联之一。

阅读链接

翠微阁与甲秀楼毗邻，始建于明代弘治年间，是一组较大规模的古建筑群，占地4000多平方米。

前身为南庵，后改为"武侯祠""观音寺"，后经维修后发迹翠微园。翠微园依山临水而建。它是以中轴线掘山筑台，逐层上升，两侧以回廊假山相连的古建筑群。

由山门正门拾级而上，可达巍然屹立的拱南阁。拱南阁，高约20米，白墙青柱，飞檐翘角，金匾高悬，其造型于淳朴中见生动。阁西为龙门书院，院内环境幽静，绿树成荫。阁东的清花空翠园，园内修竹婆娑，奇石临门，长廊花墙四围，端庄秀丽的翠微阁就玉立其中。翠微园，舒展飘逸，楹联满垂。

建筑奇葩之平坝伍龙寺

在贵州中部，有平旷之地名平坝。在平坝县城西南13千米，有一天龙屯堡古镇，又称"天龙镇"。

天龙镇地处西进云南的咽喉之地，在元代，这里就是有名的顺元古驿道，后来"通政大夫"陈典在此设驿站饭笼驿，建塘房。由于军

天台山伍龙寺建筑

■ 天台山伍龙寺石雕

事地理位置重要，从明代开始在这里及周边大量屯兵。他们的后裔就叫"屯堡人"。

清代康熙年间，云贵总督范承勋奉旨实行"改土归流"后，屯堡人由军户转变为普通百姓，饭笼驿更名为"饭笼铺"。由于地理位置的重要性，这里依然是清代的驿站和屯兵重地。

后来，饭笼铺的几位有名乡儒感觉"饭笼"两字不雅，经提议，取天台山的"天"，龙眼山的"龙"两字为村寨之名。在当地，军队的驻防地称"屯"，移民的居住地称"堡"。这就是天龙屯堡镇的由来。

历代的屯兵都在这块大地上留下了历史的遗迹：明代征南军队在天台山背后的兵"打铁坑"；烟堆山的明代烽火台残垒；围绕天台山的古城墙；清代"威同之乱时"修建有垛口、炮台、瞭望哨的龙眼山屯，残垣尚存。

在天龙屯堡古镇境内，有一山名为天台山。该山高60余米，一峰独秀，直刺青天，树茂藤缠，郁

总督　清朝时期对统辖一省或数省的行政、经济及军事的长官之称，尊称为"督宪""制台"等，其官阶为正二品。主要有直隶总督、两江总督、四川总督、闽浙总督、云贵总督、湖广总督、两广总督、东三省总督和陕甘总督。

■ 天台山伍龙寺建筑

四合院 又称"四合房"，是我国古代的一种传统合院式建筑，其格局为一个院子四面建有房屋，通常由正房、东西厢房和倒座房组成，从四面将庭院合围在中间，故名"四合院"。四合院在我国各地有多种类型，其中以北京四合院最为典型。

郁葱葱。天台山的东、南、西三面为绝壁，只有北面有石阶可登，其上建有伍龙寺，又称"清净禅院"。

伍龙寺始建于1590年，后经清代康熙、嘉庆、道光等多次修缮，始具规模。该寺由山门、大佛殿、两厢、倒座、玉皇阁、经堂、祖师殿等组成，是一组奇巧壮观的古建筑群。

寺前设4道山门。第一道为石砌衡门，建于1767年，门额镌"黔南第一山"。

第二道为石砌牌楼门，建于清代光绪年间，券洞门上的竖匾刻"天台山"3字，其下刻横批"天中之天"，落款"大清光绪拾年"，字迹尚可辨认。

第三道也为券洞门，门洞深，与山石连为一体，门楣上有"八仙"浮雕，其下刻楷书"印中禅院"4字。门旁石刻对联，上联为"云从天出天然石峰天生就"，下联为"月照台前台中胜景台上观"。石壁上并嵌有记事碑及诗碑各一方。

第四道是伍龙寺的正门，券洞门上刻"清净禅院"4字。

伍龙寺的殿堂、房舍，都因地形地势，灵活布置，但大佛殿、两厢及倒座等4幢建筑，仍按中轴线对称排列，形成逶迤的一组四合院。

大佛殿面阔3间，单檐悬山顶，前带廊，上覆青筒瓦。明间前檐柱立于狮形柱基础上。前廊顶部装鹤颈轩，轩梁下的柁墩两面均为《二十四孝》故事浮雕。

玉皇阁在大佛殿后，原为单檐悬山顶殿堂，建于1637年，后改为两层三檐歇山顶阁楼。面阔3间。阁前为一小天井，并有一石板镶砌的放生池。

玉皇阁右侧为经堂，建于清代乾隆年间，面阔5间，上盖薄石板。其后为建于悬崖上的仓房，单檐硬山顶，二层，底层低于地面，二层与地面平，前带廊，面阔3间，屋面盖薄石板，建于1826年。

玉皇阁左侧台地上为祖师殿，建造年代与玉皇阁同，也为明崇祯年间遗存。后为了与玉皇阁二楼相连，左右各增加一间。

由于受地形限制，后檐柱不在一条线上，构架也不太规整。祖师殿前为一平台，是全寺最高点，其前沿有一影壁，左侧设望柱栏板，并筑有石板路与大殿前廊相通。

■ 天台山伍龙寺石雕

天台山伍龙寺高墙

伍龙寺周围都有厚石板横砌的高墙，这些墙既是院墙，也是殿堂、房舍的围护墙。在外观上，山崖与围墙浑然一体，形如城堡，为该寺建筑的一大特点。

伍龙寺是黔贵地域建筑时代最早、保存较为完整的一座寺院。其建筑因形就势，设计独具匠心，规模宏伟，造型奇特，被古建筑专家们称为"古寺庙建筑奇迹""石头建筑的典范"，是我国古代建筑史上的一枝奇葩。

阅读链接

清代初期，吴三桂自京入滇，一行人在黔中古驿道上策马徐行。约距平坝城5千米，吴三桂在马上忽闻一股酒香，妙不可言，问随从："何处飘来如此酒香？"

随从答："平坝城。"

吴三桂扬鞭催马，一路驰入平坝城，在沽酒巷一家酒店喝了个酩酊大醉。当晚，吴三桂在侍从的搀扶下，上天台山伍龙寺寻访其叔吴凤和尚，次日以朝笏、官服和佩剑相赠。

这就是平坝历史上"香飘十里，闻香下马"的故事。

规模宏大的安顺文庙

文庙又称"学宫",用于祀奉孔子及儒家先贤,是古代教育的象征。明代颇重教育,朱元璋建立明朝后便确定"治国以教化为先,教化以学校为本"的方针,并把它作为安定边疆的基本国策,于是,儒

■ 安顺文庙

■ 安顺文庙的石板路

石雕 造型艺术的
一种。又称"雕
刻"，是雕、
刻、塑3种创制方
法的总称。始于
汉代，成熟于魏
晋时期，在唐代
流行开来。讲究
造型逼真，手法
圆润细腻，纹式
流畅洒脱。在海
内外享有"巧夺
天工""石破天
惊"之盛誉。

学教育在贵州勃然兴起。

1394年，安顺在元代普定路儒学的基础上，首先建立普定卫儒学，兴建文庙。

1602年将普定卫学改为安顺府学，便称文庙为"安顺府文庙"。之后，安顺府文庙虽然经过多次增修、重建，但仍基本保持明代的建筑风格。

安顺文庙是儒教文化遗迹中保存比较完好的一组古建筑群。四进院落依地势逐渐升高，不但使它的层次感更加分明，而且使大成殿更显得庄严、雄伟、气派。更独特的是，这所文庙以石头建筑为主，是石头建筑与儒家文化的完美结合，被人誉为"石雕艺术的殿堂"。

文庙前的广场称"黉学坝"，它是文庙建筑群的前导和序幕。坝东北向立着"金声玉振"石牌坊，坊后台阶上原立有高大的照壁。

两端各有一座四柱三间冲天式石牌坊，坊顶上刻有石阁、石狮，镂空雕花石板的门楣上分别刻着"道冠古今""德配天地"，字体俊逸而稳健，浓浓的儒家文化气息扑而来。

墙下立有一块"下马石"，上面刻着"文武官员在此下马"，无论平民百姓或者秀才、举人、进士、状元，乃至文武百官下马、下车、下轿，步行入庙。

石牌坊的右边就是透雕石花宫墙，石壁上镌刻着"宫墙数仞"4个均在一米见方的大字，字体苍劲有力。墙两侧各辟有一垂花门，左边为"礼门"，右边为"义路"。

文庙建筑都是很规范的，主体建筑都摆在中轴线上，左右对称，层次分明中心突出。入"礼门""义路"后为第一进，分上下两院。下院中间有一个圆形

举人 原本指被荐举之人。汉代取士，无考试之法，朝廷令郡国守相荐举贤才，因以"举人"称所举之人。唐宋时期有进士科，凡应科目经有司贡举者，通常被称为举人。至明清时期，则称乡试中试的人为举人，后也称"大会状""大春元"。

■ 安顺文庙建筑

■ 安顺文庙的棂星门

池子，称"泮池"。

池上有三孔石桥、桥孔上嵌有石龙头和石虎头，桥两侧和池畔都围着镂空的石栏杆，中了秀才的人必须围着桥、池环游一周，谓之"游泮"。上院北侧为明伦堂，南侧为孝祠。

第二进建在两米高的石台基上，正中为"棂星门"，是一座面阔9米，高8米四柱三门冲天式雕花石牌坊，雄伟壮丽。坊柱立于须弥座上，柱的前后为抱鼓石，柱顶有望天狮子，坊上刻有二龙戏珠，坊栏上有镂空雕刻的《文王访贤》《尧王访舜》《三顾茅庐》《八仙过海》《孔融让梨》等儒学经典故事和戏文。

棂星门两侧为乡贤祠和名宦祠。在开阔的石院坝里，南面的奎文阁是科举张榜的地方，北面的尊经阁

舜 是上古三皇五帝中的五帝之一。以受尧的"禅让"而称帝于天下，其国号为"有虞"，"帝舜""大舜""虞帝舜"为帝王号，故后世以舜简称之，其后裔以姚姓为主脉。

收藏儒家经典。

沿九级石阶而上，为面宽5间的"大成门"。大成门为歇山顶建筑，正中3间为过厅，两侧为文官厅和武官厅。檐下有两根长短粗细差不多的高浮雕盘龙石柱，两条巨龙盘旋于云雾缭绕的石柱之上，呼之欲出。其柱础为一对石狮。造型古朴，简洁生动；狮首相对，龙身腾跃，气势非凡。

大成门内是一个宽广的四合院，由天子台、大成殿、东庑、西庑及钟楼、鼓楼组成，院坝用石板铺砌。院内植有两棵桂花树，一棵是金桂，另一棵是银桂，金桂状如伞盖，终年浓郁。院中有一座高2米的天子台，周围砌有镂空雕花石栏杆。

天子台后是大成殿，又称先师殿，建于2米高的石台基上。它是一幢长约5间房的歇山顶式石木结构大殿，祀奉孔子及弟子的牌位，是文庙建筑的中心。殿通宽20米，进深11.6米，殿前是一列透雕的落地门

■ 安顺文庙内瓦房

黔风贵韵

黔贵文化特色与形态

窗，庄严、雄伟。

最叫人叹为观止的是大成殿前的两根透雕云龙石柱，它用两块巨石透雕镂空而成，柱高5米，直径40厘米。石柱分内外两层：内层方实，阴刻线状云纹，似远山云海；外层空圆，透雕朵朵浮云；整个龙身若隐若现于云海中，龙头昂首长吟，跃海出波。

柱下的石狮子，一雌一雄。雄狮脚下踏着一个绣球，雌狮的怀里哺育着一只小狮。石狮口里含着一粒弹丸，形如巨卵，滚动自如，欲呼又吐，弹丸却始终不会落出。石狮四足稳健蹲地，昂首奋吼，与石柱云龙构成一幅绝妙的龙狮嬉戏图。

关于这对透雕云龙石柱，有一个神奇的传说：当大成殿初修成时，此石柱的监修悬赏招募能工巧匠，许诺以落下的碎石计算银两。一高手前来应聘，捧出一件他的杰作——石算盘。该石算盘雕得十分精巧，颗颗算珠皆可吧吧嗒嗒灵活运算，众人啧啧称奇。

此时，一衣衫褴褛的老者说道："这没什么了不起，三天后，看我的。"三天后，老者手提一石鸟笼如约而至。笼丝细如竹篾，稍一晃动，登枝的鸟儿仿佛正引颈鸣叫。众人哗然，监修当即拍板聘师。

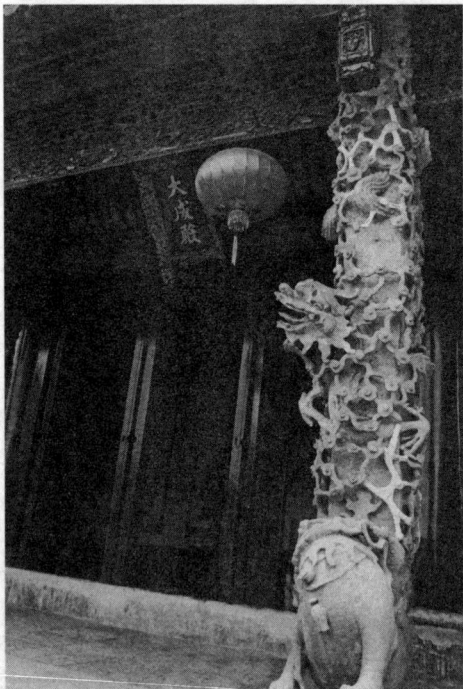

■ 安顺文庙大成殿

■ 安顺文庙大殿的青瓦

据说，工成之后，鸟笼还曾挂在飞檐角上，以示工匠技艺之精湛。这一巧夺天工的龙柱工艺精湛绝伦，玲珑剔透，婉转空灵，不但冠绝贵州，甚至可与北京国子监的龙柱媲美。

安顺文庙这样规模宏大的石构建筑，在国内极其罕见，而两根透雕云龙石柱则浓缩了石雕艺术的精华，更是举世无双。安顺文庙不仅展现了贵州教育兴起的风采，还表现出了贵州人建筑和工艺创造。

阅读链接

安顺不仅有文庙，还有武庙。安顺武庙位于安顺东北角，始建于1382年，原名"寿亭侯祠"，后改称"关帝庙"。1666年改建为武庙，后因将关羽、岳飞合祀，又称关岳庙。但安顺人一直称其"安顺武庙"。

整座武庙囿于地理，占地不广，但其规制齐备，布局精致，殿宇楼阁相得益彰，廊庑厅厢各呈特色。武庙泮池呈八棱形，暗合八卦，也有别于其他古建筑，为武庙增色不少。

大殿塑像有两关羽像，一为坐像，一为行像。一殿二像而且为同一人，此构思布局匪夷所思，为天下唯一。

其柱联贴切有味："兄玄德，弟翼德，德兄德弟；师卧龙，友子龙，龙师龙友。"

独树一帜的侗族建筑

侗族由我国古代秦汉时期的"百越"族系发展而来，主要分布在湘、黔、桂三省区相邻地带的山区。

侗族聚居的地区气候温湿多雨，土地肥沃，有着优良的自然条件

贵州侗族村寨

和丰富的森林资源，为其创造俏美独特的木构体系建筑提供了丰富的建筑木材。

此外，由于贵州侗族地处偏僻，闭塞的地理环境，使文化体系带有浓厚的地方特色和一定程度上的原始文化色彩，其建筑也不例外。

侗族人以别具特色的建筑表达了他们独特而又丰富的传统文化，无论是气势恢弘、形似宝塔的鼓楼，还是潇洒飘逸的风雨桥，都构成与其他传统建筑迥然不同的特色和风格，成为中华民族传统民间建筑中的瑰宝。

■ 侗族鼓楼

鼓楼是侗寨的标志和象征，是侗族建筑中极具代表性的公共建筑。

据传说，鼓楼是侗寨古时放鼓之楼。有鼓则有楼，有楼则置鼓，因此后来俗称"鼓楼"。鼓以桦树做身，名为"桦鼓"，安放于鼓楼高层。

在侗族历史上，凡有重大事宜商议、抵御外来官兵骚扰，均击鼓以号召群众。由寨中"头人"登楼击鼓，"咚咚"鼓声响彻村寨山谷，就能迅速把人集中起来。但无事是不能随便登楼击鼓的。

鼓楼始建于何时，由于侗族无文字记载，无从考究。不过，侗寨世代相传：从有侗族村寨的时候起，

百越 古代南方越人的总称。百越族的生活、风俗习惯很有特点，主要是水稻种植、椎髻、着贯头衣、凿齿；断发文身、鸡卜；多食蛇蛤海产；巢居，干栏式建筑；善使舟及水战；以及善铸铜器，如青铜剑、铜铎，蛙图腾崇拜等。

■ 侗族村寨

就有鼓楼了。

明末清初开始见于史册，据清代雍正年间有关资料记载：

> 侗人"以巨木埋地作楼高数丈，歌者夜则缘宿其
> 上……"

侗寨鼓楼一般是按族姓建造，每个族姓一座鼓楼。如果侗寨族姓多，往往一寨之中同时有几个鼓楼并立。

侗家人在建寨子前会先建好鼓楼，或者先确定鼓楼的位置，然后在其周围各建居宅。族的能工巧匠们在修建鼓楼时，没有任何图纸，整个建筑仅凭心里默记，并在他们头脑中描绘成型。

如此巨大的工程，数百根梁、枋、柱头尺寸及层层叠的衔接完全吻合，扣合得无缝无隙，从未出现任何差错或故障，十分牢固坚实，并且整座鼓楼没有一颗铁钉，全都是木榫，这不得不让人叹为天工。

鼓楼造型丰富多彩，有组合式、密檐塔楼式、门阙式、厅堂阁楼式等，其中以密檐塔楼式最为常见。

密檐塔楼式鼓楼造型独特而别致，集宝塔和亭阁为一体，上半部像座宝塔，下半部像座亭子。从规模上看，有四角、六角、八角之分，均为双数，高度可达10米至30多米不等。

鼓楼由阁底、塔身、亭顶3部分组成。阁底属实用性部分，是供活动使用的主要场所，一般为空透性的四方形空间，少数为六边形，中间设有圆形的大火塘，四周放置着宽大而结实的长木凳，供人们歇坐，这里可容纳百余人。

处于中部的塔身部分为装饰性楼层，多重檐结构，有5层、7层、9层、11层、15层等不同层数，而且都为单数，鼓楼重檐越多，体形越大，气势也就越恢宏。

同时，侗族的雕塑、绘画艺术也展现在其中，每方檐角高高翘起，形似飞跃，并在瓦面及封檐板饰以栩栩如生的花鸟鱼虫、飞禽走兽和民族人物风情等内容丰富的彩绘及雕塑。

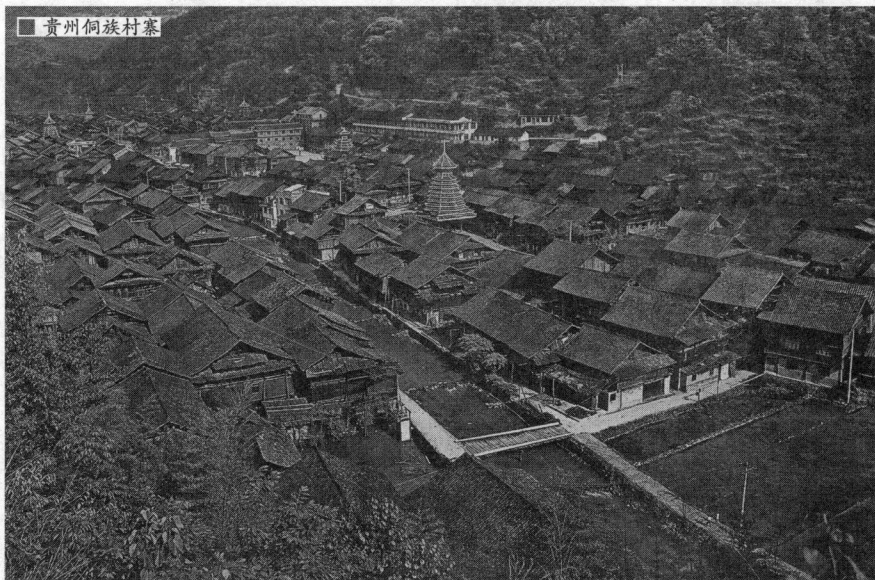

■贵州侗族村寨

■ 贵州侗族鼓楼

芦笙 古称为"卢沙"，为西南地区苗、瑶、侗等少数民族特别喜爱的一种簧管乐器。逢年过节，他们都要举行各式各样、丰富多彩的芦笙会，吹起芦笙跳起舞，庆祝自己的民族节日。六管芦笙是最常见的。

亭顶与塔身相连，多为攒尖，呈"半开伞"形状造型，连接处饰有花格窗棂或鳞形斗拱，顶端以钵罐等构成葫芦状宝顶或千年雀等象征吉祥的造型物直刺苍穹，象征着侗寨精神。

鼓楼除了建筑形式和风格独特外，其均用白色做装饰，如檐枋、瓦口、顶脊和翘翅，都涂有极为醒目的白色，与大面积暗色调的青瓦和杉木形成强烈的对比，使整座鼓楼的轮廓线条光感灼灼、雅淡明快，主体更是突出，富于立体感。

每逢节庆时，全族的男女老少都聚集到鼓楼里来娱乐，男女歌队在这对唱"大歌"，在鼓楼前的坪场上吹芦笙、唱歌跳舞，其乐融融。

侗家人有句俗话："有寨必有鼓楼，有河必有风雨桥。"风雨桥是可与鼓楼相媲美的侗家建筑，是侗族建筑文化的另一个缩影，也是侗族建筑中具有强烈的地域特征和民族文化特色的又一公共建筑。

由于侗寨的选址多为依山傍水，所以桥成为侗家人必需而又十分常见的交通通道，在寨头寨尾的溪河上，或是穿寨而过的小溪上，或是在溪河山林之间，一座座造型别致的风雨桥形成侗族地区一道美丽的风景线。

风雨桥也被侗家人称为"花桥"，是一种集桥、廊、亭三者为一体的桥梁建筑，多取材于当地盛产的杉木。

风雨桥从结构上可以分为亭阁式和鼓楼式两种。亭阁式风雨桥在侗族地区是比较常见的，比如贵州肇兴地区的侗寨多为此造型结构的风雨桥。

在比较宽阔的河面上或是与寨门合二为一的风雨桥，往往会在大桥长廊上加盖三五层的四檐四角或六檐六角的鼓楼式建筑，这便是壮观的鼓楼式花桥。

风雨桥的桥端采用的是重数百千克至数吨不等的青条石，从河底垒成石墩台，桥墩通常为六面石柱体，使上下游的水流方向均呈铁犁头形的分水角，这

窗棂 即窗格，也就是窗里面的横的或竖的格。窗棂上雕刻有线槽和各种花纹，构成种类繁多的优美图案。透过窗子，可以看到外面的不同景观，好似镶在框中挂在墙上的一幅画。它是我国传统建筑中最重要的构成要素之一，成为建筑的审美中心。有板棂窗、格扇、隔断、支摘窗、遮羞窗等。

085

地方之魂

独特文化

■ 贵州丛江风雨桥

样可大大减少洪水对桥体的冲击力。

桥面上的楼、廊、柱、枋，不用一钉一铆，采用穿斗式组合木架结构，全靠木材穿方衔接，横直斜套的榫卯结合的梁柱体联成整体。

亭廊的内走廊两旁设有栏杆和供行人休息的长木凳；同时，侗族的能工巧匠们还创造性地在桥廊的栏外挑出一层风雨檐，使行人在此能更好地遮阳避雨。

桥的顶部以及飞檐上装饰着飞龙、吉祥鸟、葫芦串等图腾物，使整座桥有飞龙腾空之感。

风雨桥色彩鲜明朴实，采用白与黑的对比。廊内两侧往往绘有侗族的历史故事、生活场景及山水风光，生动灵韵。

在建筑的望板、椽头以及檐角涂白色的泥塑装饰，与青瓦和棕色的杉木形成完整的黑、灰、白对比的层次，给人以明朗、饱满、和谐的美感，充分体现了侗族人民独特的艺术审美情趣。

风雨桥不仅具有重要的交通通道的作用，同时也是侗家人娱乐社交的重要场所，与带有几分宗法色彩的相对严肃的鼓楼相比较，这里更为轻松自由、欢快舒适。

■贵州风雨桥

■苗寨风雨桥

平日里，村寨老少在这里谈古论今，嬉戏游玩；节日期间，侗家男女老少还会云集桥上，唱拦客歌，饮敬客酒，形成一幅和谐的侗家生活画面。

气势恢宏的鼓楼，河溪上翘首如腾龙般的风雨桥，向世人展示了侗族人民高超的建筑技艺和独特的审美情趣。它们为建筑学、民族民俗学以及建筑美学等多方面的研究提供了宝贵的资料。

侗族民间建筑是古代建筑艺术的精华之一，是侗族人民对我国建筑文化的一大贡献，是我国民族文化的瑰宝。

阅读链接

黔东南的侗族鼓楼主要集中在黎、从、榕三县。最多的是黎平县，全县鼓楼数达320多座，是名副其实的鼓楼之乡。

黎平鼓楼有"四最"：一是鼓楼数最多；二是乡镇鼓楼最多的在黎平的肇兴，全寨5座；三是全国最高的鼓楼是黎平休闲广场鼓楼，53米；四是在年代上建得最早的鼓楼在黎平，即黎平述洞独柱鼓楼，始建于1636年。

建得较早的鼓楼还有，从江增冲鼓楼始建于1672年，黎平罗溪小寨鼓楼始建于1743年，从江信地鼓楼始建于1761年。

粗犷的布依族石头房

　　自古以来，布依族居住地多选择在溪流两岸田坝旁边。同姓聚族而居，房屋多建于坡脚。

　　寨子后面是树木茂密的山林，前面和左右普遍栽有竹林，种有芭

■贵阳市青岩古镇

■ 贵州石板房

蕉。各家各户也有竹和树围绕，自成院落。一眼望去，整个村寨翠绿浓郁。布依寨一般几十户上百户，少有单家独户的。其他杂居的民族也不多。

布依族先民的住房，历来盛行"干栏"建筑。赫章可乐西汉墓出土干栏建筑模型陶器，其结构形式与宋代、明代甚至以后的干栏建筑基本上一致，仅细部有变化而已。

《北史·南僚传》记载，布依族先民僚人"依树积木，以居其上，名曰干栏"；又称"干栏大小，随其家口之数"。

这种古代楼房，简便狭小，但是底层的空间较大敞，以做堂之用，而人住楼上相对小些的房间。

唐代仍如此，《旧唐书·南蛮传》说是"人楼居，梯而上"。

干栏 南方少数民族住宅建筑形式之一。又称"高栏""阁栏""麻栏"。分两层，一般用木、竹料做桩柱、楼板和上层的墙壁，下层无遮拦。距今7000年前的浙江余姚河姆渡遗址中的木构建筑是发现最早的干栏式建筑。

■ 苗族山寨

《赤雅》 其主体
是先秦时期至明
代中原各史书所
记载的南方各族
神话、传说、故
事以及与南方民
族风物相关的中
原古籍及名士的
诗词、典故、题
词、摩崖石刻、
引言和作者个人
受广西壮瑶民族
风情激发而创作
的散文、诗词。
它是古代南方各
民族民间文学的
集大成。后来被
誉为明代的《山
海经》。

宋代已经把底层围起来养猪养鸡。明代更是普遍
利用于饲养家禽家畜，《赤雅》记载："人栖其上，
牛羊犬豕畜其下。"

明清时期，汉族迁居布依族地区的渐多，其平房
建筑形式为布依族吸收。但是主要还是保存干栏建
筑，只是多改为木石结构，即石料砌墙壁，木料装
楼，做模、椽、门窗。

如果建平房，则在一侧另建偏厦饲养牲畜和堆放
农具。正房居中，前为堂屋，其后壁设神龛，供奉祖
先神位。神龛前置一方桌，平时作为餐桌，节日作为
祭祀用。堂屋后半间及两头的开间，分别为卧室、厨
房、火炕等。

布依族的民居丰富多彩，不仅有石板房，还有茅
草房、夯土房、吊脚楼等，其中石板房最有特色。

石板房以石条或石块砌墙，墙可垒至五六米高。

岩石砌墙有的采用天然采集的块石做干砌或浆砌，外表层不做任何加工处理，显得非常粗犷自然。

或是用加工得整齐的叠砌在一起，浑然坚固。石板片墙体的砌筑，也有着自然的旷野之趣。

从墙体的砌筑方法看，墙体可以分为两种：一种为壁头墙；一种为砌墙。"壁头"是当地人对镶嵌石板的称呼，也就是木构架的柱枋之间镶嵌上3厘米左右厚的一块块长方形石板当作墙壁。

石板房最有特点的地方就是它的屋面了。大部分的建筑都是悬山顶式，屋面均为双坡排水。有些布依族的村寨喜用裁切得比较工整的鳞状屋面板，每块石片的厚度为2厘米左右，高低叠压，错落有致，宛若鱼鳞。

也有的则是形状各不相同的天然板材，将这些不同形状的乱石铺得像瓦片一样，而又不至于叠得太厚，这也正是布依族人民的智慧所在。石片在屋面形

祭祀 是华夏礼典的一部分，是儒教礼仪中主要部分。祭祀对象分为3类：天神、地祇、人鬼。天神称"祀"，地祇称"祭"，宗庙称"享"。古代祭祀有严格等级：天神地祇由天子祭，诸侯大夫祭山川，士庶只能祭自己祖先和灶神。清明节、端午节、重阳节是祭祖日。

■ 贵州石头寨

■ 苗族石头寨

成自然的弧线，利于排水，而不用像瓦片屋顶那样留出排水沟。

屋脊也不用脊瓦，而是将屋面一侧的石片伸出，压住另一侧石片，然后再在屋脊上像瓦一样砌上整齐的石片，形成一道屋脊。

屋顶每个坡面的边缘都用较大的石板，中间部分用稍小一些的石板。这样既利于形成屋面曲线，又牢固结实，不易被风掀掉。

石板房除檩条、椽子是木料外，其余全是石料，甚至家庭日常用的桌、凳、灶、钵、碓、磨、槽、缸、盆等，都是石头凿的。

这种房子不仅不透风雨，而且古朴美观，屋顶举重若轻，安居而不压抑。

贵州的石板房可以大致分为两个集中的地区：一个是贵阳周围的郊县；另一个是安顺地区的几个县。

悬山式 屋面有前后两坡，而且两山屋面悬于山墙或山面屋架之外的建筑，称"悬山式建筑"。悬山建筑山墙间的檩木不是包砌在山墙之内，而是挑出山墙之外，挑出的部分称"出梢"，这是它区别于硬山的主要之点。

从造型上看，贵阳附近的石板房为悬山式，而安顺地区的石板房为硬山式。

镇山石头寨更以其保存比较完好的建筑及聚落形态，成为石板房中的典范。

石头寨位于贵州西南镇宁的扁担山。石头寨，当地布依语称之为"板波森"，其意是"背靠石山，世居石屋"。石屋层层叠叠，沿着山坡自下而上，布局井然有序。

有的石屋房门朝向一致，一排排并列；有的组成院落，纵横交错；有的石屋有石砌围墙，有石拱门进出。

石头寨民居的建造外观十分注重修饰美观，在石头房的整体造型中，虽然受着传统的影响，但能根据自然环境、生产力及经济水平，创造出独特简洁的几何图形美。

在石头寨房屋的内部与外部结构装修上，由于运用了大小不同材料的组合，很有肌理美，不规则的长方形、菱形、三角形及多边形的石块及圆表的卵石垒砌组合；石头寨房屋的山墙石质榫头上雕有图案，有的是龙形、兽形，有的是花卉纹样，别具一格。

布依族建造房屋有很多讲究。首先要请阴阳先生看"风水"，选择依山傍水处做宅基，不仅要背靠青山，而且要面朝碧峰。

起房造屋要选吉日，吉日前一个月请木匠破料做房架。竖房架的吉日要供祭鲁班师傅。房架竖好，岳父家送来大梁，大梁上拴有红绸扎的大花朵，并有乐队和舞狮队鸣鞭炮伴送。上梁时又要举行歌舞祭礼和宴饮。

最后是接祖宗牌位和灶神到新居。建新房的整个过程，在布依族村寨里都充满喜庆与互助的气氛。

美不胜收的民族服饰

苗族银饰

贵州是一个多民族的省份，有17个世居少数民族。他们的民族服饰或深邃，或古朴，或绚丽……其中苗族服饰、布依族服饰、侗族服饰是其中最有特色的。

从古至今，苗族都以色彩艳丽的服饰而闻名遐迩。特别是女装，百式百样，都是色调鲜艳，美不胜收。

苗族妇女喜穿绣花衣裳。贵阳、遵义、黔西一带，苗族妇女绣花衣裳多为鲜红的彩色图案。黔东南多绣花鸟，色调浓重。

黔西北喜挑较大的几何彩色图形。松桃及附近则多绣花草，色调素净。衣领、袖口和裙裤下端，刺绣图案十分讲究。腰上配一条精巧的五彩绣花围腰，显得更加光彩照人。

苗族妇女盛装，还必须佩戴银饰。头饰有银簪、银梳、银桐花、银花牌和银耳环等。还配上银项圈、银手镯、银戒指和银披肩等，一共60多种妆饰，各具风采。

发髻式样是苗族妇女最有特色的部分。头饰上挽发髻盘扎在头顶上，上插本梳及其他装饰物。

贵阳地区多扎蓬蓬髻像盘边帽，有的扎船形髻，有的在头髻中扎两头向上的大牛角梳。安顺、镇宁一带多挽偏髻在头顶右上方。

黔西南挽螺旋髻在额顶。惠水、平坝地区戴青色尖尖帽。黄平苗族少女戴金紫色小平帽。遵义苗族妇女包头巾，上覆绣花 红巾，周围缀以数十条珠式垂链，平而宽圆，像古代皇后的垂帘巾。

苗族妇女下身穿裙或裤。裙为百褶裙，各地长短

■ 苗族姑娘

刺绣 古代称"针绣"。是我国民间传统手工艺之一，在我国至少有两三千年历史。我国刺绣中以苏绣、湘绣、蜀绣和粤绣"四大名绣"最为著名，此外还有顾绣，京绣、瓯绣、鲁绣、闽绣、汉绣、麻绣和苗绣等，都各具风格。

■ 布依族服装

织锦　用染好颜色的彩色经纬线，经提花、织造工艺织出图案的织物。早在殷商时代已有丝织物。周代出现织锦，花纹五色灿烂，技艺臻于成熟。汉代设有织室、锦署，专门织造织锦，供宫廷享用。唐代贞观年间窦师伦的对雉、翔凤等蜀锦图案，被称为绫阳公样。

不一。一般长齐小腿肚，更长的到脚背，一般短的及膝，但丹寨、雷山接界处有一种裙，长不盈尺。

苗族裙子颜色各不相同，贵阳是青色、白花边；遵义是紫红色；黔东南是紫黑色；威宁是红白相间等。

裙子质料也不一样，棉布、丝绸。苗族妇女多喜穿自纺、自织、自染、自缝、自绣的蜡染裙，最富有乡土风味。

苗族男子衣饰较简单。小领对襟短衣，衣袖长而小。筒筒裤，短而大，长度只及小腿肚，下包青布裹脚。头缠青帕或花帕，长约3至6米。

有的披着织有几何图案的披肩，其装束颇有古风。贵阳地区苗族中年男子还喜穿清代式样长衫。

布依族的服饰，千百年来逐渐有所变化。变化最大的是妇女服饰，包括用料、式样、品种等。

布依族妇女服饰，明代弘治《贵州图经新志》记载："以青布一方包头，着细褶青裙，多至20余幅。腹下系五彩挑绣方幅，如绶，仍以青衣袭之。"

清代乾隆时期以前，各地布依族妇女的衣着比较精致，普遍穿百褶长裙，以银饰品装扮。

乾隆《贵州通志·苗蛮》记载："在罗斛、册亨等处……妇人短衣长裙，着蒙青花手巾。"

乾隆《独山州志·苗蛮》记载：

> 以青布蒙髻，长裙细褶……年少妇女，项挂银圈，腰系白铜烟盒。彩线丝条，环身炫目。

乾隆《南笼府志·地理志》记载："堆髻长簪，银环贯耳。项挂银圈，以多为荣。衣短裙长，红绿花饰为缘饰。裙以青布十余幅为细褶，镶边，委地数寸。腰以宽长带数围结于后，带垂若翅。"

乾隆时期以后，妇女服饰开始发生较大变化。

在镇宁、关岭、普定、六盘水市一带，布依族少女喜穿滚边短衣，系绸缎腰带，头戴织锦头帕，以粗发辫盘扎头巾，额上为织锦图案和数圈发辫，下穿裤子，着绣花鞋。

青年女性穿百褶裙，用白底蓝色蜡染花布缝成，斜襟短衣，绣花盘肩。衣袖中间为织锦，上下两段是蜡染。衣服下摆

■ 布依族舞蹈

黔贵文化特色与形态

■ 布依族拦门酒

织绣 是用棉、麻、丝、毛等纺织材料进行织造、编结或绣制的工艺。我国养蚕织丝起源很早，在新石器晚期已有桑麻种植，商代时丝织工艺广泛发展。汉唐时期，织绣技艺高超，其织物开始销往国外。宋代的缂丝，元代的棉纺，明代的织锦，都有较高成就。清代的刺绣工艺更具民族风格和地方特色。

为0.03米宽的织锦镶边。胸前戴绣花或织锦长围腰，系浅色绸缎腰带。

该地区妇女讲究头饰，婚前头盘发辫，戴绣花头巾；耳边垂着一束各色丝线做成的耍须。已婚者的头饰戴"更考"，以竹笋壳和布匹制成，形如撮箕，前贺后矩，先以青布缠裹，后系织绣花头帕。

在贞丰县的白屋、鲁贡和户漠县北盘江沿岸地区，布依族妇女上穿盘肩、右倾开扣、窄领，镶素色花边的短衣，带绣花围腰，下穿青色宽裤，脚穿绣花船形鞋、布鞋等。

头饰婚前发辫绕头，婚后结发髻，做马尾编的网套束上并扎银簪，包花格布或青帕。晴隆县、普定县、兴仁县的大山等地区，布依族妇女头包青色头帕，未婚姑娘还包银头帕。安龙、兴仁一带妇女喜用白布做头巾。

在惠水县、罗甸县、龙里县、平塘县、都匀市和贵阳市一带，布依族妇女头戴花毛巾或蜡染花帕，喜穿短衣斜领窄袖，袖镶花边，胸前戴绣花围腰，下穿大口裤，裤脚镶花边，穿绣花尖鞋。

布依族男子的服装，历来比妇女的简单，但是变化也较快。

清代康熙《贵州通志·蛮僚》记载"以帕束首，躐屦……衣尚青"。

清代"改土归流"之前，布依族男子蓄全发挽髻。流官直接统治以后，强行推行剃发编辫，但仍"好以青帕缠头及腰"。

侗族的服饰文化早在古时就有记载，"僚人能为细布，色致鲜净""男未妻者，以金鸡羽插髻""女以海螺数珠为饰"等，都体现出侗族服饰特点。

明代弘治《贵州图经新志》记载：黎平府属"男子科头跣足，或蹑木屐"，"妇女之衣，长裤短裙，裙做百褶裙，后加布一幅，刺绣杂文如绶，胸前又加绣布一方，用银钱贯次为饰，头髻加木梳于后"。

从江地区侗族女子发髻的装饰非常丰富。她们在发髻上插饰银梳、木梳或彩珠和小银饰，也喜欢用鲜花装饰发髻。从江增冲一带的侗

■ 布依族男人服饰

贵州民族服饰

族少女将发髻绾于头顶左侧，上插一枚珍珠，极美。

黎平地区侗族女子头戴银冠，银冠由鱼形、蝴蝶形、银币形等银质吉祥物组成，有的还插有各色羽毛。

镇远报京侗族女子的银冠更加精美华丽，由许多银花组成。黎平和锦屏毗连之地的侗族女子梳盘髻，包三角形头巾。天柱和锦屏等地的侗族女子婚前梳长辫，将辫子盘于头顶，饰有鲜花，彩穗和银链；婚后绾髻，用长帕缠头。

贵州丰富多彩的民族文化孕育了绚丽多彩的民族服饰，同时服饰上的图案符号记录着的民族历史、图腾崇拜、传说故事，使服饰充满了丰富的文化内涵，成为珍贵的无字史书。

黔风贵韵

黔贵文化特色与形态

阅读链接

瑶族服饰具有款式多样，纹案古朴，工艺精美的民族特点。瑶族服饰款式有百余种，各支系各地方有所不同。

一般来讲，男子穿对襟或右衽，铜扣上衣，或圆领花边丫形上衣，腰扎腰带，下身穿宽脚长裤，扎绑腿。妇女一般穿圆领花边对襟或右衽上衣，下穿挑花大裤或百褶裙，扎绣花腰带或围裙，也缠绑腿。

无论男女服饰，都喜欢用青布制作，喜欢用红、蓝、绿、白等色彩点缀。这些点缀品是用各色丝线经过挑、绣、织、染等工艺制作而成，非常鲜艳精美，各种图案也生动逼真。

艺坛奇葩

古代贵州被称为"蛮夷之地"，居住着众多的少数民族，由于地理位置、建制沿革、民族习俗等诸多因素，深受荆楚、巴蜀文化的影响。

在历史上，贵州较少受到各种外来干扰，又有巨岭恶瘴做自然壁垒，加之地处荆楚、巴蜀文化的交汇地带，使之成为古老华夏文化的天然储存地，多种地域文化的沉积带，这里留下很多古老文化，如傩文化、民歌、舞蹈、戏剧、节庆风俗……

古老的彝族变人戏

在黔西北威宁彝族回族苗族自治县板底乡裸戛村，保存着一种古老的彝族傩戏"撮泰吉"。

彝族面具

"撮泰吉"是彝族语音，"撮"意思是人，"泰"意思是变化，"吉"意思是玩耍、游戏，合起来即"人类变化的游戏"，简称"变人戏"。

每年正月初三或是正月十五，裸戛村都要进行"扫火星"活动，即撮泰吉的演出形式。

整个撮泰吉活动包括祭祀、正戏、喜庆和"扫火星"4个部分内容。主要是示意性动作和原始舞蹈，穿插对白和咒语。演出中还表演铃铛舞和狮子舞。

出场6人，有名无姓，形象十分奇特。惹戛阿布，山林里的老人，普通彝族装束，不戴面具，贴白胡子。另5人也穿通常衣裤，但是用布条缠紧身体，象征裸体，头顶分别用黑、白两色布缠成锥形，脸戴木制面具。

其中4个"撮泰"老人，均在千岁以上。

阿达摩，男性，1700岁，戴白胡子面具。阿达姆，女性，1500岁，背娃娃，戴无须面具。麻洪摩，男性，1200岁，戴黑胡须面具。嘿布，男性，1000岁，戴兔唇面具，缺嘴。另外一个是小孩阿安，戴无须面具。

面具由当地艺人加工制作，取材于杜鹃树或杂木树。将原木砍破成人脸壳毛坯后，雕刻出类似原始人的耳、口、鼻。

其形状大小不一，一般长约30厘米，宽约20厘米。前额凸出，脸型长，鼻子长，鼻梁直，眼睛大，嘴巴小。阿安的无须面具为横眼。面具涂抹成黑色，演出前用白粉笔勾画皱纹，表示年龄大。

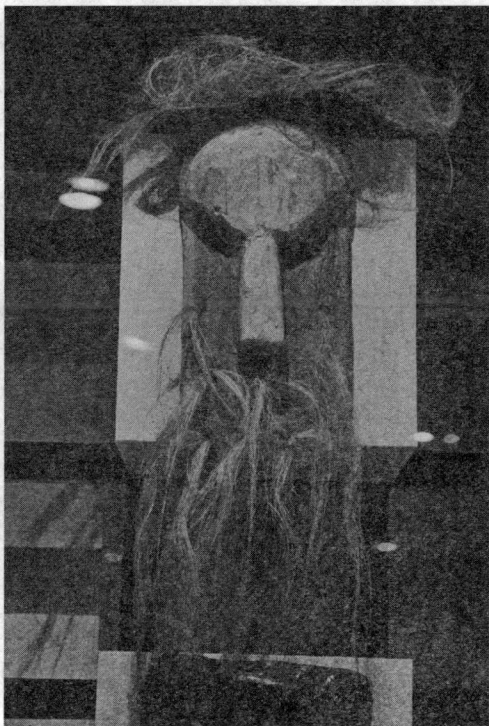
彝族面具

傩戏 源于原始社会图腾崇拜的傩祭。至商代形成了一种固定的用以驱鬼逐疫的祭祀仪式，先秦时期有了既娱神又娱人的巫歌傩舞。明末清初，各种地方戏曲蓬勃兴起，傩舞汲取戏曲形式，发展成为傩堂戏、端公戏。

■ 彝族面具

表演动作随意性大，没有固定模式，模仿人类生活动作，比较自然。除惹戛阿布外，其他人上身较生硬僵直，行动迟缓。双膝稍弯曲，类似罗圈腿。计木棍，表示古人初学走路，行动困难。

演出语言为彝语，间杂少量汉语。惹戛阿布之外，其他角色都用吸气冲击声带发音，低沉费劲，仿佛猿猴啼叫声。表示高龄且为祖先鬼魂所变，说话与常人不同。

惹戛阿布实际主持整个活动，如带领"撮泰"祭祀，教"撮泰"耕作、收获，"扫火星"时指挥念咒语等，起到类似巫师的作用。

祭祀没有神坛，也没有偶像。天、地、山和农作物都神化了，向所有的自然物敬酒。这是一种比崇拜鬼魂、灵魂更古老的自然崇拜。

其敬酒词说道：

向天父敬酒，
向天母敬酒。
向九十九位天神敬酒，
向六十六位山神敬酒，
向三十三位地神敬酒。
向侍奉天神的神敬酒，
向房后的银山神敬酒，
向锅庄神敬酒。
向凡是没有提到的统统敬酒！

正戏只有一个剧目，内容为彝族祖先生产、繁衍、迁徙等创业的历史。有先人驯牛、犁地、撒种、薅地、收割、晒场、脱粒、贮藏等整个生产过程，都是粗犷的示意性表演，有一些简单的舞蹈动作。

劳动间歇时，表演一些生活场面。

戴兔唇面具的缺嘴嘿布，挑逗带娃娃的阿达姆，并在阿达姆的背后抬脚表示性交动作。戴白胡子面具的阿达摩发现后，追打走嘿

■ "撮泰吉"面具

■ 彝族面具

狮子舞 又称"舞狮子"。狮子舞分为两类:文狮、武狮。文狮子一般是戏耍性的,擅长表演各种风趣喜人的动作。武狮子则重在耍弄技巧,最普通的是踩球、过跷跷板,难的甚至要做武功性的表演,如走梅花桩等高难动作。

布,然后自己抬脚与阿达姆模拟性交。

另外,还有阿达姆搂着阿安喂奶,以及阿安与众人亲热的场面。这是古代初民对生殖崇拜和生育信仰的一种表现。可见,"撮泰吉"是比较古老的傩文化现象。

穿插于演出中的铃铛舞,又叫"跳脚",是一种古老的祭祀舞蹈。8个男青年手持小马铃摇响拍节,腰肢和脚步随拍节表演翻山越岭、披荆斩棘、互相背驮等舞蹈动作。

一边跳舞,一边唱"啃哺"。歌词有赞颂死者功德、悼念亡灵和述古训世的内容。

穿插表演的狮子舞是节日喜庆舞蹈。舞蹈动作有狮子笑天、狮子扑地、狮子滚绣球等。表演时舞狮人在惹戛阿布指挥下念咒语。

扫火星是变人戏的主题,旨在扫除人畜祸祟,祈求人畜兴旺,风调雨顺,五谷丰登。这也是整个表演活动的高潮。

正月十五,正戏演出后,惹戛阿布带领撮泰老人角色,挨家挨户祝愿,表示喜庆。家家备酒肉欢迎。肉饱酒酣,撮泰还可以与同辈的人逗乐说笑。

扫火星要扫除的是灾害和瘟疫,没有驱鬼的内容，可见这也是比较古老的祭祀活动。撮泰临离开主人家时，向主人索取几个鸡蛋和一束麻，从其草房四角扯下一把茅草。

将一些鸡蛋埋在寨边土中，其余的鸡蛋放在搭起的架子上，用茅草烧熟，撮泰分食之后，齐声高喊："火星走了！"

第二年老人们挖出埋下的鸡蛋，根据其好坏来预卜年景和吉凶祸福。这就是"鸡蛋卜"，一种非常古老的占卜方式。

上述仪式完成后，撮泰们取下面具，放在住在寨边的人家保存。

撮泰吉是傩戏大家族中的早期成员。它具有傩戏最突出的特征，即在表演上要戴面具，而面具是作为神灵看待的；在内容上与民俗信仰，傩祭活动密不可分。

撮泰吉以祭祀为主，舞蹈和戏剧表演不多，但分角色、剧情，这已经是傩戏的雏形。也正因为保持着这种雏形，故被称为"活化石"。

阅读链接

在黔西北彝区，彝族人习惯上把每年农历三月初三定为祭祀山神的节日。

彝族人把祭祀山神称为"省舍多"，"省舍"意为古树，"多"意为投掷，"省舍多"即"向古树投放祭品"。

祭山需选取一棵粗壮的古树作为神树，这棵被选择作为神树的树，连同它所在的林子，一般居于村寨边的某一处，都是神圣不可侵犯的。跟祖祠林一样，禁止在那里取材用或拾柴火，就连一草一木也不准去动，这是一种典型的树崇拜。

彝族崇拜的树主要有肤胭木、五倍子树、寨旁的千年古树等。这些古树，彝语称"米舍"，意为天神树，掌管村寨人畜。

闻名遐迩的安顺地戏

黔贵文化特色与形态

安顺地戏面具

地戏，俗称"跳神"。因演出不用戏台，就在村野旷地进行，故名"地戏"。地戏以安顺为其地域中心，最流行而且集中，所以一般统称"安顺地戏"。

据说，地戏是明代洪武年年调北征南的屯军从中原地区带进来的。

1381年，朱元璋派遣30万大军远征云南，大本营设于安顺。平定云南后，以安顺为中心屯田养兵，并从安徽、江西、河南等地移民过

■ 安顺地戏

来"填南",建村设寨。

这些人平时务农，战时用兵，必须习武操练。又怀乡恋旧，需要娱乐，于是逐渐发展为演出历史军事题材的戏剧地戏。

安顺地戏只演"正史"，不演庞杂剧目；只有武戏，没有文戏。

地戏的表演形式比较古朴，演员头顶面具，面罩青纱，背插小旗，手持刀、枪等兵器，在铿锵的锣鼓伴奏中相互唱、和、舞、打，场面热烈。

安顺地戏最显著特点是演出时，"跳神者首蒙青巾，腰围战裙，戴假面于额前，手执戈矛刀戟之属，随口而唱，应声而舞"。

其唱是七言和十言韵文说唱，在一锣一鼓伴奏下，一人领唱众人伴和，有弋阳腔余韵；其舞是表现征战格斗的打杀。

朱元璋（1328—1398），明代开国皇帝，也是继汉高祖刘邦以来第二位平民出身的君主。其在位期间实行了抗击外侵、革新政治、发展生产、安定民生等一系列有利于社会前进的政策，在政治、经济、军事、思想等方面大力加强君主专制的中央集权统治，是我国历史上最富传奇，也最具争议的皇帝之一。

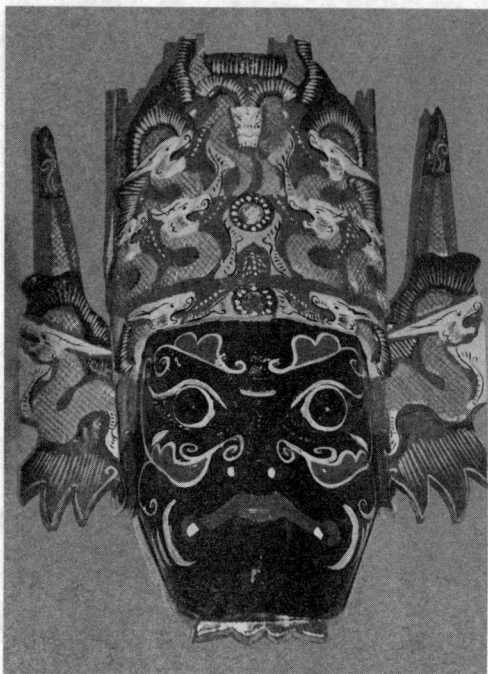

■ 安顺地戏面具

所演的30多部大书，是屯堡人喜爱的薛家将、杨家将、岳家将、狄家将、三国英雄、瓦岗好汉。

内容单一，只有金戈铁马的征战故事，没有才子佳人戏、清官公案戏、绿林反叛戏、怪诞神话剧，只有赞美忠义、颂扬报国的忠臣良将戏。反映的时代上至商周时期，下至明代。

安顺地戏的演出程序一般分为"开箱""请神""顶神""封箱"等组成。其中的"跳神"是正式演出，又分为"设朝""下战表""回朝"。其余部分是带有驱邪纳吉成分的傩戏活动。

演出第一天，择吉上庙祀神，迎请面具。由戏头带领全班戏友，焚香烧纸，祝祷"开箱"，虔诚地"请神"。然后演员着戏装，戴面具，由戏中扮演的正派主帅率领，沿村寨公共场所游行。

一路上鸣放爆竹，念诵纳吉逐疫的诗文。所经各家，主人要在堂屋摆设祭祀酒食果品，接神纳吉逐疫。此为"开财门"，又称"开箱请神"。

正式演出之前，村民已纷纷到晒坝围成圆形"场子"，准备看戏。演员未登场前，由两个红脸道童持手帕、扇子，一边跳舞，一边唱"开场"诗文。然后

"下四将"，"设朝"，逐一勾取戏中人物登场。场面与传统戏曲中"跳加官"有些类似。

"跳神"是地戏的正戏。剧目都是描写历史英雄的军事戏。

一般从朝王开始，入朝面君，禀报敌方已经发兵来攻。君王降旨，求良将拒敌。然后是拜将，出征，迎敌，对阵，情节一步一步展开。场中安置一桌、两椅，场边插一帅旗。

交战双方的君主或主帅先坐在场地营房位置，有戏演戏，无戏看戏。演员先站在场地边沿，然后出"马门"亮相，自报角色名字，再进行演出。

角色不分生、旦、净、末、丑，而分各种将、道人、杂扮和动物。人物唱腔相同，面具不同。一堂地戏自有一台面具，少的有七八十副面具，多的一二百副。视剧情需要而定。

面具多为白杨木雕刻，做工精细，正、侧面都形象生动。面相一般有文将、武将、老将、少将、女将之分，俗称"五色相"。

五官造型有一定的样式。如眉毛造型，有"少将一支箭，女将一根线，武将

跳加官 旧时戏曲重大演出的开场仪式。所扮人物系道教神仙"天地水"三官中的"天官"，身穿红袍，口叼面具，作醉步状，乐队演奏特制"加官"锣鼓，向观众展开的条幅上写着"天官赐福""加官进禄"等吉祥祝辞，故得名。

■ 安顺地戏表演

文化之光

艺坛奇葩

如烈焰"的传统。

眼睛造型，是"男将豹眼圆睁，女将凤眼微闭"。嘴巴的雕刻，或"天包地"，或"地包天"，风格各有不同。整个造型华丽堂皇，线条粗犷，轮廓分明，色彩夸张而且对比强烈。

面具雕刻十分讲究，多为浅浮雕与镂空相结合，刀法明快，精细而不烦琐。特别是头盔部分，有龙凤、星宿、吉祥等类型装饰，分为平盔、道帽等。

安顺地戏面具

男将一般多用龙翅和葵花翅装饰。女将多为凤盔。龙盔盘龙可多可少，而首尾隐约，变化多端。凤盔彩凤展翅，姿态优美。

特定人物还有特殊装饰的头盔。如岳飞面具，头盔雕刻大鹏金翅鸟，象征是大鹏鸟下凡。樊梨花面具，头盔雕饰玉女图案，表示为玉女投胎。薛仁贵头盔雕白虎，盖苏文头盔刻青龙，程咬金头盔则是一只蝙蝠衔一枚金钱等。

有的面具还镶嵌玻璃镜片，贴金，刷银，有红、黄、蓝、绿、黑、白、粉各种色彩开脸，鲜明辉煌。

一般是红色表示威勇，黄色表示忠厚，蓝色表示果敢，绿色表示怪诞，黑色表示刚烈，白色表示英武，粉色表示奸诈。为突出人物性格，往往还要勾勒各种花纹，如瓜花纹、藤蔓纹、鱼纹、蝴蝶纹、图案

程咬金（589—665），唐代开国名将，凌烟阁二十四功臣之一。程咬金也是《隋唐演义》中赫赫有名的人物，其绝技就是梦中学会的三板斧，外号"混世魔王"。

纹等。

　　演员头部先蒙以青纱，然后在额部顶起面具，可以透过青纱向外观看，以便表演。根据角色需要，身穿各种战袍，配置各样服饰和道具。

　　如武将腰系两片缀以简单花边的单布战袍，背插花布制作的靠旗4支，有耳子和雉鸡尾，手持长兵器。文将则是右手执扇，旦角左手执巾帕。

　　表演程式有亮相、持刀枪、上马等。表演动作以打、刺、拼、杀为主，比较激烈。伴奏乐器一锣一鼓，击声沉重有力，但节奏变化较少。

　　唱腔和曲调也较简单，虽没有弦乐器伴奏，尚高亢挺拔，尾音拖得很长，挑得很高。

　　唱词分上下句，唱腔是单句头，上下句不同，不是对答关系。由独唱者唱上句及下句的前半句，合唱者唱最后半句。

旦　在戏曲表演行当中，女角色之统称。源于歌舞、百戏。魏之"辽东妖妇"、隋之《踏谣娘》、唐之"弄假妇人"等，都是扮演妇女作戏剧性表演的节目，当为旦的前身。分为正旦、花旦、闺门旦、刀马旦、武旦、老旦、彩旦。

■ 安顺地戏表演

地戏剧本保留许多宋元时期讲唱文学的痕迹，如唱词以七言或十言韵文为主，夹带说白。唱词质朴近似口语，说白通俗而带文言古涩语调。

表演形式是"随口歌唱，应声而舞"。不分行当，由剧中人物边说边交代剧情。舞蹈则是两方格斗为主。演员手持木制的刀枪剑戟，按套路过招，舞姿勇武刚烈。又吸收当地民族舞蹈的舞步和动作，有"转"有"旋"，战裙飘飞，有一种阳刚之美。

正戏故事演毕，举行一个简单仪式，比较集中地念诵纳吉驱邪之辞，还要"送神封箱"。虔诚地将演出的面具在香烛祷祝声中送进"神柜"，请"神"归位。这就是"扫收场"。

地戏以村寨为演出单位，一个村寨一堂戏一部书，较大的村寨也有两三堂戏的。演出时间主要是两

■ 安顺地戏表演

个节令。一是中元节前后，演出5天，与当地苗族"米花节"同时，称"跳米花神"。

■ 安顺地戏表演

二是春节期间，称"玩新春"。从正月初二开始，几乎整个正月间都在演出，既欢庆今年丰收，又祈祷来年福吉。演出规模比"跳米花神"大，也更隆重。

其他时候有特别原因，如有村民建房、乞子、求财、驱邪之类，也应邀演出，或"送太子"，或"说吉利"，或"开财路"，等等。

如果受邀外地演出，村寨还要为其举行种种活动。出发时有"辞寨""辞门""辞井""辞树"之类，归来进寨则有"接风""参门""参桥""参树"之类，颇为隆重。

阅读链接

　　安顺地戏吸收了布依、苗、仡佬等其他民族歌舞的成分，布依族、苗族、仡佬族也从汉族那里学会了地戏。贵阳市郊和清镇一带的苗族很早就组织了地戏班子，其歌舞已融入苗族民歌唱腔和芦笙舞蹈动作。

　　安顺黑寨、平坝大狗场一带的仡佬族，也是在清代前期就演出地戏了。题材多为汉族历史故事，面具、服饰、道具等比较接近安顺汉族地戏。

璀璨绚丽的芦笙舞

贵州是我国最大的苗族聚居区，被称为"苗疆腹地"。

苗族人特别爱跳舞，在他们的社会生活中处处离不开舞蹈：祭祀祖先、节日庆典要跳舞，恋爱求偶、婚姻嫁娶要跳舞，迎送亲友、聚

苗族舞蹈

■ 苗族芦笙

会饮宴要跳舞。甚至丧仪，德高望重的长者去世，苗族的悼念也是用舞蹈的形式来为他送行。

可以说，舞蹈已经成为苗族社会生活中重要的集体行为，成为他们表达内心诉求的形象语言。

关于芦笙舞的起源，苗族有朴素和美妙的传说。

相传盘古开天地之时，大地一片荒凉。那时，苗族祖先是靠狩猎飞禽走兽作衣食的，为了解决捕获鸟兽的困难，当时一个心灵手巧的小伙子，在林中砍下树木和竹子，做了支芦笙模仿鸟兽的鸣叫和动作，吹跳起来以引诱各类鸟兽。从此，人们每次出猎均有所获，于是芦笙舞就成了生活的必需而世代相传。

在贵州苗族芦笙舞中，锦鸡舞、鼓龙鼓虎——长衫龙、滚山珠是最有特色的。

锦鸡舞是发源于丹寨排调镇境内。苗族锦鸡舞源远流长。

盘古 是我国古代神话传说中开天辟地的巨人神。在三国时期吴国徐整著的《三五历纪》《五运历年纪》及《古小说钩沉》集中的《玄中记》等描述了盘古开天辟地的经过。而南朝萧梁任昉所著的《述异记》中则描述了盘古死后身体化为天地万物。

■ 锦鸡舞

传说"嘎闹"支系苗族的祖先住在东方大平原上，后来迁到一个叫"展坳对社"的沙滩边居住，又因洪灾而沿江上行来到丹寨。在迁徙的历史进程中，美丽的锦鸡帮助苗族先祖找到了最后定居的地方。

在丹寨县定居后，苗族的祖先们一边开田，一边打猎充饥度日。锦鸡又帮助他们获得了小米种，帮助他们渡过饥荒，所以锦鸡就成了他们的命运吉星。

居住在上述地方的苗族同胞在每年的盛大节日里举行隆重的吹笙跳月活动，敲击铜鼓，欢跳锦鸡舞，放牯子牛斗角，以纪念先祖和怀念给他们带来自由、祥和与欢乐的美丽锦鸡。

民间锦鸡舞多以特大号、大号、中号、小号等4支规格不同的芦笙为主要吹奏乐器，吹奏出低、中、高、特高等多音混合曲，其节奏有序、欢快、流畅，音质委婉悠扬，似若高山流水之声，奔放自然。

民间锦鸡舞的芦笙曲调丰富，有乐曲100多首，演奏起来轻快流畅，优美动听。

黔风贵韵

黔贵文化特色与形态

跳月 苗、彝等族人的一种民族婚姻礼俗。于每年初春或暮春时月明之夜，尤其是中秋之夜，未婚的青年男女聚集野外，尽情歌舞，叫作"跳月"。相爱者通过各种活动，即可结为夫妻。

跳舞时，男性青年吹奏芦笙于前领舞，女性排成"一"字长蛇队跟在后面，沿着逆时针方向转圆圈跳。随芦笙曲调和舞步的变化而翩翩起舞，舞步时而缓缓前移，时而逆时针方向转圆圈跳，有时或前或后、或左或右移动，有时或进或退漫舞。

舞蹈动作有三、四、七步不等，以四步为主，兼以六步转身。腿上动作多、上肢动作少，以腰、膝的自然摇动为舞蹈的基本特点。

双脚按芦笙曲调节奏变换出优美姿势，双手于两侧稍往外自然摇摆，加上妇女头上的锦鸡银饰跃跃欲飞，银角冠一点一摇，腿边花带一飘一闪，百褶裙脚边的洁白羽毛银浪翻飞，翩翩曼舞中舞者步履轻盈，酷似锦鸡在行乐觅食。

每跳一步，舞者双膝同时自然向前颤动，下肢动作多，上肢动作少，双手于两侧自然放开，悠然摇摆。人多时，芦笙手在中间围成圆圈吹跳，女性在外围成圆圈漫舞。

锦鸡舞表现了苗族人民温和娴静的性格，体现出人与自然和谐友

■苗族高排芦笙

苗族吹芦笙

莲 即"荷花"，又名"莲花""水芙蓉"等，属睡莲目。我国早在周朝就有栽培记载。荷花全身皆宝，藕和莲子能食用，莲子、根茎、藕节、荷叶、花及种子的胚芽等都可入药。其"中通外直，不蔓不枝，出淤泥而不染，濯清涟而不妖"的高尚品格历来为诗人墨客歌咏绘画的题材之一。

好的精神状态，凸显着苗族人民古老而绚烂的美感追求，是民间舞蹈中一枝烂漫的山花。

鼓龙鼓虎——长衫龙，苗语音为"打容打阻——阿冗"，是贵州苗岭山麓小花苗聚居区贵定县新埔乡谷撒村所独有的一种苗族芦笙舞蹈。

长衫龙苗族芦笙舞为男子双人舞、四人舞和群舞，舞者身着黑色大襟长衫、头插两根野鸡翎、头顶龙面牛角图腾、口戴髯口，拴红色银饰腰带，手执芦笙，自吹自跳，随着流畅的芦笙旋律，舞着"龙斗角""龙吐水""莲花""拜见"等动作。

长衫龙苗族芦笙舞的舞蹈风格和谐迤丽、刚柔兼蓄、韵味古朴、感情真挚；舞姿矫若游龙、翩若惊鸿、刚健柔韧，人的拟龙化、龙的动态，体现一种深沉古朴的韵味。

该舞伴奏乐器笙管粗长，声音低沉浑厚，音乐节奏鲜明，舞蹈动作与音乐紧密结合为一体，和谐流畅，潇洒大方，表现为苗族芦笙舞的独特风格。

舞蹈分为3节，第一节表示群龙出现；第二节表示龙腾虎跃；第三节表示群龙抢宝。

滚山珠原名"地龙滚荆"，苗语叫"子落夺"，流传在贵州省纳雍县猪场苗族彝族乡。

传说远古时期，苗族祖先在大迁徙途中来到黑洋大箐。迁徙中道路坎坷，荆棘遍野，英勇的苗族青年为了给父老们开辟一条通道，就用自己矫健的身躯从荆棘林中滚出一条路，让父老们胜利通过，到达黑洋大箐安家落户。

人们为了纪念这些青年的功绩，就模仿他们用身躯滚倒荆棘的动作，编成芦笙舞，取名"地龙滚荆"。

苗族芦笙

"滚山珠"，本是用形体模仿箐鸡在山林中嬉戏的一种欢快的芦笙舞，所以其技巧与形体造型的写实性较强。

表演者手执六管芦笙，头戴箐鸡翎帽或红线花帽，身着绣花白褂，吹奏着世代传承的芦笙舞曲，围绕梭镖或盛满水的碗进行舞蹈表演。

时而"对脚掌""扣肩倒立"，时而"跪步""点将"，"刀丛滚身"，芦笙舞步与技巧运用难度随表演进程不断增加。

黔东南地区盛行的"讨花带"和黔中地区盛行的"牵羊"也颇有代表性。

"讨花带"是小伙子边舞边吹着芦笙曲《讨花带子》向自己爱慕的姑娘求爱。在这种场合，姑娘若与小伙子情投意合，就会把自己精心编织的花带，含情脉脉地拴在小伙子的芦笙上。

"牵羊"是男青年在前面边吹边跳，尾随而舞的姑娘若爱上了某个小伙子，就把自己亲手编织的美丽花带作为定情的信物，拴在他的腰上，然后牵着花带的一端，跟在小伙子身后踏节而舞。

阅读链接

在一次农事活动中，一苗族老祖公听到秧鸡叫声，估摸有水源，遂循声探寻，发现有一天然龙形水井穴，他们认为是龙神相助指路，便迁寨开荒于此，建成了谷撒寨。

为感谢龙神的恩赐，老祖公定下寨规：每年农历二月初一，封寨杀牛祭龙神，他们把自己模拟打扮成"龙"，学着龙的模样跳起舞来祈求龙神福佑。

人们的虔诚感动了神灵，神灵便教会他们制作芦笙，并传授了龙舞与芦笙舞相结合的长衫龙芦笙舞，舞蹈从此就在苗族同胞中流传开来。

气势磅礴的苗族鼓舞

数千年来，鼓成为苗族人生活、劳动、迎宾、喜庆、祭祀乃至战争中离不开的物件。

相传，远古的时候，多头魔怪危害苗乡，糟蹋妇女，吞食孩子，无恶不作。

■苗族歌舞

勇敢的苗族后生亚雄率同寨的伙伴们跳下天坑，经过七天七夜的血战，终于杀死了凶残的多头魔怪，救出了美女阿珠。全寨人扶老携幼围着熊熊的篝火狂欢，庆贺胜利。

亚雄等勇士剥下魔怪的皮，蒙成一面大鼓使劲敲打。这便是苗鼓的起源。

历史上有关苗族击鼓歌舞的文字记载，较早的可见于唐代《朝野金载》：

■ 苗族鼓舞

五溪蛮，父母死，于村外闾其尸，三年
而葬，打鼓路歌，亲戚饮宴舞戏一月余日。

在贵州，苗族鼓舞主要分布于东南部清水江流域一带。由于长期分散居住，以及语言、风俗习惯方面的差异，各地"鼓舞"风俗特点和形式各不相同。

在贵州苗族鼓舞中，花鼓舞、铜鼓舞、木鼓舞等是比较富有特色的。

花鼓舞，苗语叫"保诺"，是一种以牛皮大鼓为道具的苗族民间舞蹈。花鼓舞风格独异、自成一体、内涵丰富，蕴藏着苗族人民的历史风韵、劳动景观、艺术审美和生命涵养等丰富内容。

《朝野金载》
是唐代笔记小说集。此书记载朝野逸闻，尤多武后朝事。唐代张鷟撰，6卷。记隋唐两代朝野逸闻，对武则天时期的朝政颇多讥评，有的为《资治通鉴》所取材。其中多怪诞不经的传说。

黔湘边境苗族最喜爱跳花鼓舞。农历四月初八、六月初六和赶秋、玩年等节日，都要举行盛大的花鼓舞活动。其中瓦窑花鼓舞最有特色。

瓦窑花鼓舞起源于何时何事，有诸多传说：

在很久以前，有一天，聪明、勇敢、英俊的苗族青年猎手八角大热在乌巢河边的森林中狩猎拾得一只用葛藤根编织的精致玲珑的花鞋。

八角大热回到家中，通过举行隆重的表演花鼓"试鞋招亲"比赛活动，终于找到了那位丢鞋的苗家美女，并一见钟情，结成眷属。

另一则传说是：苗族花鼓最初叫作"打年鼓"，从腊月二十开鼓，至正月二十封鼓，这段时间正是年关时节，所以叫作"打年鼓"。

传说腊月二十皇帝封印，不上朝坐殿，正月二十皇帝开印，开始上朝坐殿理政。

赶秋 又称"秋社节""交秋节"，是苗族人民的传统节日。在立秋时节，当地的群众便停止干农活，穿上盛装，结伴成群，欢聚在一起，进行打秋千、吹笙、歌舞等娱乐活动。活动完毕时，由众人选出两位有声望的人装扮成"秋老人"向大家预祝丰收和幸福。

文化之光

艺术奇葩

■ 苗族鼓舞

■苗族鼓舞

　　倘若在其他时间打花鼓，传到京城，影响皇帝执政，治罪下来击鼓的人是吃不消的。因此，一年只有一个月的时间打花鼓，苗族百姓便充分利用这段时间习鼓练艺，普及花鼓艺术。

　　瓦窑花鼓舞，类型有80多种。主要有神鼓、战鼓、年鼓、喜庆鼓、茶鼓、动物鼓、情鼓、木叶鼓、接龙鼓、送亲鼓、迎亲鼓、迎宾鼓、游鼓等。

　　每一种鼓中又分为许多种类，比如，摆鼓在堂屋里、院坝中，让众人娱乐献艺的叫"坐堂鼓"；遇上来客，以鼓相邀，叫"邀请鼓"。

　　动物鼓中有蛙鼓、猴儿鼓、蛇鼓等；生产鼓则用鼓的形式将耕耘播种庄稼到收割和庆丰收的各个场面表现得淋漓尽致，每个场面都有相对独立的鼓舞。

　　神鼓，苗语叫"农涅海诺"，也称"跳吃牛鼓舞"，是在举行盛大祭祀活动"农涅"时表演，目的在于庆神，时间可长达几昼夜，肃穆隆重。

　　年鼓，苗语叫"诺那阿"或"诺玩年"，均于春节举行，是苗族

"正月玩年"的娱乐活动内容之一。

喜庆鼓，多在四月初八、端午节、赶秋节等盛大节日集会上表演，其目的主要是祝贺佳节。

瓦窑花鼓舞的动作套路100多种，传统动作大多是表现祭祀、劳动、生活、武术和模仿动物形态的。

祭祀方面主要有顺江放舟、叙事摆古、淑女接龙、弯弓射月、跋山涉水等；劳动方面的主要有耕田种地、播种插秧、掮锄荷担等；生活情趣方面的主要有拔须修眉、穿衣整容、烧茶做饭、礧碓推磨、筛糠簸米、挑花绣朵、理被、穿金戴银、情郎推磨、木叶叙情等。

武术和模仿动物方面的主要有金鸡报晓、岩鹰展翅、双凤朝阳、猛虎下山、扫地莲花、飞蝶采花、蛟龙出水、习武练棍等。这些套路既有表现男子阳刚之美的，也有表现女性细腻秀柔之美的。

铜鼓舞，苗族称"究略高"，是用一头有面、中空无底、呈平面曲腰称为铜鼓的打击乐器伴奏的舞

武术 又称"国术"或"武艺"，我国传统的体育项目。其内容主要是把踢、打、摔、拿、跌、击、劈、刺等动作按照一定规律组成徒手的和器械的各种攻防格斗功夫、套路和单式练习。是我国人民在长期的社会实践中不断积累和丰富起来的一项宝贵的民族文化遗产。

■ 苗族鼓舞

鼓舞

蹈，是我国南方少数民族一种有代表性的、源远流长的舞蹈文化。

铜鼓舞流行于黔东南雷山、凯里等苗族地区，以掌坳村最负盛名，全村村民踏鼓点而舞，共有10余种舞步，50多个动作，有"铜鼓舞的发源地"之称。

苗族铜鼓舞的活动形式，常见的是将铜鼓悬于庭前或场坝之中，由击鼓者一手执木槌敲鼓腰，另一手持皮头槌击鼓而伴奏。

舞者则围成圆圈、踏着顿抑分明、铿锵有力的鼓声，时里时外，且进且退地舞蹈着。至兴高采烈时，还击掌呼号，喊出"嗨哧哧"之声以助兴。

其动作主要是来源于狩猎生活、农业生产劳动和对动物态动作的模拟，如集体圆圈舞、撵斑鸠、打野猪、放群鸭、捉螃蟹、捞虾舞，以及表现欢乐、迎客、送客、祭祖等的舞蹈。

苗族铜鼓舞动作以胯部的扭动和上身的摆动为主要特点。雷山铜鼓舞步豪放，舞蹈幅度大、难度高，时而如蜻蜓点水，时而如猛虎下山，独具风格。

木鼓舞是贵州台江苗族群众所喜爱的一种鼓舞，主要有反排木鼓舞和施洞、革东木鼓舞两大种类，以反排木鼓舞影响最大。

黔风贵韵

黔贵文化特色与形态

这两种舞蹈从木鼓的制作到鼓点敲击、舞蹈动作均有区别，各有千秋。反排木鼓的制作细而长，长度约1米；而施洞、革东地区的木鼓则圆而大，俗称"皮鼓"。

反排木鼓舞敲出的鼓点急时如雷鸣，缓时如滴水；而施洞、革东地区敲出的鼓点自始至终急如炒豆，响如溪流。

反排木鼓舞主要有高斗舞、高斗大舞、扎夏舞、打猎舞等章节，表现了苗族祖先从东方迁徙来时昼夜兼程，跋山涉水，披荆斩棘，打猎御敌，开垦田土，共祭祖先的情景，显示了族人相亲相爱，团结互助，不忘历史的精神风貌。

施洞、革东地区跳木鼓时，由于大多是穿盛装、戴较重的银饰，因此舞蹈时手的摆动、脚的迈开、身子旋转动作都不大，只能用漫步、碎步轻微踩动，动作温柔。

反排木鼓舞潇洒刚劲，激越豪迈，热情奔放，表现了山区苗族人民顽强的气质和坚强的生命力。她是苗族舞蹈的精华，是苗族文化活动的活化石。

阅读链接

传说，远古时候，苗族的始祖放耶古原来住在东方，遭受其他部落的攻击，全族几乎覆灭。他的儿子勇郁古和女儿仰妮耶古双双逃到反排，过着野人般的生活。

由于长年生活在深山里，劳动之余，兄妹俩常以虫鸣鸟叫为管乐，手舞足蹈，自娱自乐。他们听了蝉鸣就学蝉歌，看见虫在水里兜圈，也跟着虫转，见到蜜蜂飞舞，也学蜜蜂舞蹈。

有一次，他们听到啄木鸟啄木的声音，节奏明快，清脆悦耳，遂缘木而上，发现此树原来已经空心，击之能出共鸣响声。于是，他们砍倒制成木鼓，作为舞蹈的伴奏乐器。反排木鼓舞由此诞生了。

广泛传唱的布依族民歌

在贵州南部红水河沿岸、盘江流域以及贵州高原本川地带，有一个历史悠久的民族布依族，在长期的社会生活中，在创造物质财富的同时，还创造了光彩照人的民族文化，民间歌曲便是其重要代表。

■ 布依族舞蹈

布依族诗歌有其独特的结构和形式。

每首歌句数不限制，短的四五句，长的达四五十句，甚至数百句。每句字数也不限，有整齐的五言、六言句，也有不整齐的"自由体"诗句。

用汉语汉族山歌调唱的，押韵一般是押尾韵。而用布依语布依山歌调唱的，多数押首韵，即每首歌前一句的末一字，与下一句的首字或次字押韵；也有押腰韵的，即上一句的末一字，与下一句中间的字押韵；少有押尾韵的。

布依族民歌体裁形式多样，风格色彩别致，大致分为古歌、叙事歌、盘歌、酒歌、情歌及苦歌、童歌谣等。

古歌是布依族优秀的文化遗产，在很大程度上反映了古代布依族群众的生产和生活，承载着布依民族

布依族歌舞表演

红水河 珠江水系干流西江的上游。源出云南省沾益县马雄山，称"南盘江"，南流至开远折而东，至望谟县与北面来的北盘江相会，始称"红水河"。红水河因流经红色砂贝岩层，水色红褐而得名。

布依族男子吹奏表演

精神与情感，具有较高的历史研究价值。

布依古歌规模宏大，结构严谨，构思精巧，内容比其他民歌广泛得多。

流传较广、影响较深的古歌有《开天辟地》《十二个太阳》《安王与祖王》《造万物歌》《罕温与索温》等。《十二层天十二层海》幻想天上有12层，海里有12层，诗人邀请朋友上天下海，一层一层畅游。

叙事歌有歌唱英雄人物传说故事的，有叙述反抗压迫英勇斗争的，还有演唱爱情故事悲欢离合的，如《丹姑与王母》《尔康与尔进》《王岗》《何东与何西》《金竹情》等。

盘歌是布依族的传统民歌，是用原生态布依语创作并传唱的民间文学作品。布依族盘歌流传于北盘江流域的布依村寨中，尤其以六盘水盘羊场境内的盘歌最具代表性。

盘歌伴随着布依族的形成而萌发，形成于春秋战国时期，伴随布依族的产生、繁衍、发展而逐步丰富起来，是布依人民智慧的结晶。

从内容上分，布依族盘歌涉及劳作、时政、仪式、爱情、生活环境、历史传说等诸多方面；从演唱场合分，有室内演唱和野外演唱两种形式；按演唱曲调分，可分为情歌调、礼教调、丧葬调等。

布依族盘歌还涉及政治、经济、文化、社会、伦理道德、宗教等众多领域，甚至对布依人特有的心理特征和情感倾向都有生动描述。是布依族人记载民族历史、文化的重要载体，是布依人的一部无字百

黔风贵韵

黔贵文化特色与形态

科全书，具有珍贵的文化价值、历史价值和研究价值。

　　酒歌是在酒席上互相敬酒时对唱的歌。由于布依族是一个喜饮酒、喜唱歌的民族，因此产生了劝酒歌、定亲歌、送亲歌、接亲歌、起房歌、老人歌等酒歌。

　　这些酒歌朴实大方，讲礼好客，以多姿多彩的艺术形式，生动而有力地反映了布依族人民的社会生活，反映了他们特有的生活方式，风俗习惯以及他们勤劳俭朴的高尚品德和美好的心灵。

　　布依族民歌中，最精彩的是情歌；有数百行上千行的抒情长歌，也有几行或者10多行的即兴短歌。如《月亮歌》，是姑娘们月夜一边纺花一边唱的长篇情歌，含蓄委婉地表达了对心上人的期待：

　　　　那晚阿哥的一句话呀，
　　　　像石头压在妹的心底。

布依族女子盘鼓表演

那晚月下刺手背，

月神已把我俩指印记清。

看看手上的紫花呀，

愿它永不枯萎。

想起那句重如石头的话呀，

让月亮照我俩走完一生。

布依情歌多为"散花式"的即兴短歌，或是劳动中、深夜里为抒发情怀而独唱，或是喜庆节日、集市赶场男女对歌。此种情歌触景生情，随机应变，既善用生动的比兴，又抒发真挚的情感。

布依族苦歌主要是诉说被压迫被剥削而饥寒交迫的生活现实，揭露"官家"的凶残。

童歌谣多是布依族少年游戏时合唱的歌谣，如《亮火虫》《蚂蚁呀出来》《纺织娘唱歌》《龟孵蛋》《月亮光光》《星星笑》等。语言活泼，想象丰富，内容有益于开发智力，增长知识，培养毅力。

阅读链接

布依族的文化艺术丰富多彩，尤其民歌曲调独具特色，不同的地区有不同的特点，不同类型的民歌有不同的表现手法。一般分为小调、大调、小歌、大歌等。

小调的音域通常只有五度，而且很少作四度以上的大跳跃，因而显得稳重和沉着。

大调的音域扩展到八度，因而开朗热情，较有山歌风味。大调几乎都用于情歌，小调的形式运用范围十分广泛，叙事、祝酒、迎送客人、说理诉情等场合都可使用。

委婉动听的苗族民歌

苗族民歌统称"山歌"。其形式，有五言体、七言体和长短句。其语言通俗直率，和谐简练，感情丰富。

其内容，几乎涉及苗族生产、生活各个方面的所有活动，生产劳

苗族人唱山歌

■ 苗族民歌

动、起义斗争、乡规民约、家谱家规、子女教育、送客迎友、谈情说爱、婚姻礼俗、丧葬悼念等，都用民歌来表达思想感情。

苗族民歌种类繁多，数量庞大。这里主要介绍其古歌、生产劳动歌、礼俗歌、情歌、劝世歌等。

黔东南清水江流域一带是我国苗族最大的聚居区，即凯里、剑河、黄平、台江、雷山、丹寨、施秉、黄平、镇远、三穗等地。在此广大苗族聚居区普遍流传着一种以创世为主体内容的诗体神话，俗称"古歌"，或"古歌古词"。

苗族古歌是苗族古代先民在长期的生产劳动中创造出来的史诗。它的内容包罗万象，从宇宙的诞生、人类和物种的起源、开天辟地、初民时期的滔天洪水，到苗族的大迁徙、苗族的古代社会制度和日常生产生活等，无所不包，成为苗族古代神话的总汇。

苗族的古歌古词神话是一个民族的心灵记忆，是

贵阳 因位于境内贵山之南而得名，已有400多年历史。古代贵阳盛产竹子，以制作乐器"筑"而闻名，故简称"筑"，也称"金筑"。刺绣与挑花，是贵阳传统民族工艺，具有各少数民族的风格特色。贵阳各地民族节日内容丰富，各具特色。

苗族古代社会的百科全书和"经典"，具有史学、民族学、哲学、人类学等多方面价值。

苗族古歌包括创世歌、祖先歌和迁徙歌。

创世歌如《开天辟地歌》《万物起源歌》等，是一种很古老的神话故事歌；祖先歌如《人类起源歌》《洪水滔天》等，是关于人类、民族的传说歌。

迁徙歌如贵阳地区的《格罗格桑》、黔东南的《跋山涉水》、松桃和铜仁地区的《修相修玛》等，是各地区苗族自己的迁徙史诗。

整部史诗以口传心记为传承手段，全诗属五言体结构，押苗韵，长达15000余行，塑造了100多位有名有姓的人物，并充满浪漫主义和理想主义色彩。

诗中大量运用比喻、夸张、排比、拟人、反问等多种修辞手法，生动地反映了苗族先民对天地、万物及人类起源的解释和人们艰苦奋斗开创人类历史的功绩，充满了浪漫主义和理想主义色彩。

苗族古歌是我国流传下来的唯一非宗教典籍的传世记史诗，也是集苗族历史、伦理、民俗、服饰、建筑、气候等于一体的百科全书。

生产劳动歌，有《刺绣歌》《种棉歌》《纺纱织布歌》《蜡染歌》《造酒歌》《造船歌》《活路歌》等。这些歌，是鼓励人们努力劳动创造美好生活，思想内容健康积极。

有一首描写犁田场面的《活路

苗族唱歌的女子

歌》写道:

斑鸠在树上打鼓,

牯牛在田中跳舞。

田水跟着牛屁股唱歌,

浮萍鱼崽围着牛脚打转。

蚊子牛虻也赶来观看,

大家唱来大家跳。

跳得谷桩烂成泥,

跳得泥巴变成浆。

跳到大阳落西山,

大家才分散。

苗族女子

生动有趣的语言将田野劳动的景象,表现得十分欢乐和热烈,烘托出劳动生产的愉快。

酒歌是酒席上劝酒、谢酒的祝福、赞颂的民歌;祭祀歌为祭祀起源和有关祭祀礼仪的歌,反映了苗族古老的风俗习惯和思想意识;丧歌是在丧葬活动中所唱的歌,包括亲友吊丧时所唱的歌,可供研究苗族宗教和民俗文化传统。

婚姻歌是指婚嫁仪式上唱的歌和有关婚姻问题的歌。这类民歌唱述婚姻仪式的习俗,以及婚姻习俗的历史转变,对研究苗族历史有重要价值。

苗族山歌

苗族民歌中，最精彩的部分似乎是情歌。情歌内容非常丰富，有见面歌、摸底歌、求爱歌、成双歌，又有逃婚、控诉歌、单身歌等。

苗族情歌大都感情真挚，直率热烈。有一首情歌唱道：

> 美丽的情妹哟——
> 假如你是一只小鸡，
> 我就变成一只山鹰，
> 一扑就把你抱起。
> 假如你是一湾清水，
> 我就变成一条小鱼，
> 一跳就投入你的怀里。
> 假如你是一只小鼠，
> 我就变成一只猫咪；
> 白天逮你不住，
> 夜里会逮住你。

■苗族歌舞

山鹰扑小鸡，猫咪逮小鼠，比喻之妙，妙在毫无遮拦地表现出爱恋之深、决心之大。

苗族民歌曲调主要有古歌曲调、情歌曲调、飞歌曲调、丧歌曲调和祭祀曲调等几种，各种曲调自有特色。

古歌曲调浑厚稳重，拍节分明，而且刚劲有力。情歌曲调富于激情，旋律柔美，气氛热烈。一般为男女青年低声对唱，也有二重唱或混声合唱，其韵味普遍悠悠荡荡，令人陶醉。

丧歌曲调悲哀凄苦，低沉委婉，忧伤动情。一般是中年妇女为老年人正常死亡而独唱，可谓声泪俱下，闻者歔欷。

阅读链接

贵州苗族民歌中的节日歌，寓意深刻，曲调婉转，但是只有节日时才会唱，不同节日又有不同的内容。

如《过年歌》，说"年"天地下到处走，天上和地下的人都争着抢它。为此，天上和地下还打了一仗，最后议定，它先到天上，天上先过年；它下到山林，百鸟才过年；钻到水里，龙王鱼虾过年。最后才来人间，只有勤劳富裕的地方才有年过，而懒惰的地方年不去，所以人们才努力生产。这也称得上是鼓励人们努力生产的民歌。

唱腔优美的贵州花灯戏

在贵州汉族地区和一些民族杂居地区，广泛流行着一种戏曲艺术形式花灯戏。花灯戏是在当地民间歌舞基础上发展起来的。

贵州民间花灯歌舞，历史久远，大致起源于唐宋时期，风行于明

■花灯戏表演

花灯戏人物

清时期。最初叫"采花灯"，即"二人转"，连歌带舞，十分动人。

其中《门斗转》《鹰展翅》《边鱼戏水》《膝上栽花》和《苏秦负剑》等舞蹈动作很有代表性。

明末清初，发展至3人出场，一男二女，叫"双凤朝阳"；"二男一女"，叫"双狮戏球"。

也有的地方两男两女，叫"双花灯"。

清代道光年间，花灯已在院坝搭矮台演出，称"矮台戏"。

1892年，思南人罗芳林从云南还乡，在家乡罗家坝搭了一正规的舞台，把矮台戏搬上了高台演出。高台戏由此而得名。具有浓郁民族特色的高台戏立即名声大震。

至清代末年，因受外来戏剧文化的影响，发展成了花灯戏。

贵州花灯戏主要流行于独山、遵义、毕节、安顺、铜仁等地，有"灯夹戏""台灯""高台戏""花灯戏"等称谓。

最初的花灯戏演出形式简单，以演民间小戏为主，题材多取民间生活和民间故事，有《拜年》《姐妹观花》《三访亲》《刘三妹挑水》《放牛拦妻》等剧目。

其表演以"扭"为特点，演员常用折扇与手帕为道具表示情感。

舞蹈的步伐有二步半、四方步、快三步、慢三步、野鸡步、梭步、碎米步、矮桩步、妇田步、快上步等。扇子耍法有小花扇、大花扇、交扇、盖扇、差扇、扑蝶扇等；身段有犀牛望月、膝上栽花、黄

黔风贵韵

黔贵文化特色与形态

龙缠腰、海底捞月、雪花盖顶、岩鹰展翅等。

在流行过程中，贵州花灯戏逐渐打破了歌舞程式，角色行当也不再局限于"二小""三小"，而有了净、末、老旦、彩旦等的划分。

在原有曲调基础上，贵阳花灯戏乐曲腔调也出现了扩展变化，并逐渐形成自己的板腔和曲牌。花灯剧的唱腔有两类，一类是略具雏形的板腔，艺人称"灯戏调子"，一类是曲牌，艺人称"花调子"。

在一出戏中，板腔与曲牌可以混合使用，形成一种综合体制。板腔的板式较单一，只用若干个上下句反复演唱，最后加上一个"收腔"结尾。

经常使用的灯戏调子有出台调、行程调、路调、数调、骂板、哭板、一字调、出马门、阴二黄、山坡羊哀子、四平调等。

常用的花调子有四小景、四季相思、月调、送夫调、巧梳妆、白牡丹、比古调、送茶调、观花调、五更调等。

常用的伴奏乐曲有游台、大开门、禄位高升、扫

净 俗称"花脸"，大多是扮演性格、品质或相貌上有些特异的男性人物，化妆用脸谱，音色洪亮，风格粗犷。宋元时期南戏和北杂剧始用净的名目。大致可归纳为大花脸和二花脸两大支系；二花脸中又有武花脸、油花脸等若干分支。

■ 花灯戏表演

花台等。

常用的锣鼓牌子有三六九、扑灯蛾、半边月、金钱吊葫芦、牛擦痒等。

花灯剧主要使用筒筒、月琴等弦乐器及锣鼓等打击乐器伴奏。

在表现情节刻画人物时，板腔与曲调综合使用，形成了丝弦灯调系、台灯灯调系和锣鼓灯调系，音乐表现力更加丰富。

在流行过程中因受当地方言、民歌、习俗等影响而形成不同演唱和表演风格。其中铜仁地区思南县的花灯戏比较典型，尤以土家花灯流传最早、基础最好、影响最大。

思南土家花灯演唱内容多是思南各族人民的生产生活内容，乡土气息浓郁。

表演者最初为一旦一丑。旦角叫"幺妹"，男扮女装，扎假发辫，包头巾，着花裙，右手执绸边花折扇，左手执彩巾。丑角叫"干哥"，反穿皮袄，扎腰带，瓜皮帽子头上戴，右手执大蒲扇。

干哥围绕幺妹转，相互旋转唱跳，干哥舞蹈动作丰富多彩，幽默

黔风贵韵

黔贵文化特色与形态

贵州戏剧表演

可笑。后来逐渐发展为多人表演、有故事情节和人物矛盾冲突的花灯戏。

思南土家花灯有一定的行头，演唱时不受时间和场地的限制，有锣鼓灯、丝弦灯、说唱式、采茶灯、祭祀灯、扫刀、贺主人等几种类型。

花灯戏人物

其音乐采用民族调式、徵调、羽调较多，其曲调已粗具板腔雏形，有路调、散板、数板、采茶调、五更调等。并融入本民族傩戏和摆手舞中的一些成分，形成了自己的特色。

其婉转动人的优美唱腔、浓郁的乡土气息和灯戏兼容的独特民族风格折射出乌江流域的人文风采。

阅读链接

思南土家族是湘鄂渝黔边界土家族整体中的一部分，是古代巴人的后裔，早在春秋战国时期，已从巴人聚居的长江之滨，顺乌江而进入思南这块土地。

土家族是我国能歌善舞的民族之一，土家族的茅古斯、摆手舞、傩舞等早已闻名于世。自古以来，思南土家族在祭祀神灵祖先活动中、在唱歌耕种中、在神话传说民间故事传承演说中，均采用传统的说唱形式进行表达和流传。

独具民族特色的侗戏

侗戏是侗族人在长期的劳动生活中创造并喜闻乐见的艺术形式，它具有独特的民族风格。

侗戏是在侗族民间说唱艺术"嘎锦"和"嘎琵琶"基础上，在汉

■ 侗戏表演

■ 侗戏表演

族戏剧的启发和影响下，由吴文彩在清代嘉庆、道光年间创造的。

吴文彩，1798年生于黎平县茅贡乡腊洞寨。少时读过私塾，粗识汉字，家境贫寒，务农为生。

在青年时期显示出不凡的歌才，在与青年男女对歌时对答如流，他把侗族起源传说编成《祖源歌》，把侗族的习俗礼仪、道德风尚编成《劝世歌》，把男女青年的交往编成《情歌》。

其歌词优美，情真意切，音韵和谐，四方侗族青年都尊称其为"歌师傅"。

中年时，受贵州花灯戏、湖南阳戏和花鼓戏、广西桂戏和彩调的影响与启发，吴文彩开创了以侗装扮相，用侗语介白，用二胡锣鼓伴奏侗歌唱词和独特步调等表演形式的侗戏。

侗戏演员均由群众自愿组合，唱腔分平板、哀调和仙腔，表演完全民族化。他把汉族的故事《朱砂

嘎琵琶 侗族曲种。一般由歌师自弹自唱，以唱为主，中间夹用口语叙述，与唱词连接起来叙述一个故事。唱词结构采取分节歌的形式，一部作品由数十乃至数百诗节组成。每节的句数不固定，多为偶数；每句的音节也不固定，多为奇数。韵脚有尾韵、腰韵两种。

黔风贵韵

黔贵文化特色与形态

■ 侗戏表演

脸谱 是我国戏曲演员脸上的绘画，用于舞台演出时的化妆造型艺术。脸谱对于不同的行当，情况不一。"生""旦"面部妆容简单，略施脂粉，叫"俊扮""素面""洁面"。而"净行"与"丑行"面部绘画比较复杂，特别是净，都是重施油彩的，图案复杂，因此称"花脸"。戏曲中的脸谱主要指净的面部绘画。

记》《二度梅》等改编成《梅良玉》《凤姣李旦》等剧本，在侗乡广为传唱，深受侗族群众欢迎。

侗戏很快由此流传到外地，黔湘桂交界的从江、通道、三江等处的侗寨相继建立侗戏班子，逢年过节，村寨之间交流演出，蔚然成风，千里侗乡公认吴文彩为"侗戏师傅"。

侗戏角色虽有生、旦之分，但并未形成定型的行当，一般是根据剧中人物的需要来分配演员。

侗戏的丑角有比较特殊的表演程式，侗戏中的丑角多扮演各种诙谐或狡猾的人物，在剧中的主要任务是插科打诨、活跃气氛，没有本行的当家戏，表演上比较自由、比较夸张。

侗戏的服饰、道具都是本民族的日常用具，有的只是在日常用品的基础上加以美化而成。脸谱以黑、白两色为基础，小丑除在鼻子上画一个青蛙以外，两颊上还要各写一个"丰"字，以示吉祥。

侗戏的表演在身段、台步、手势等方面均不与其他剧种相同，具有浓厚的侗族特点。

从表演风格来看，侗戏的表演比较朴实。基本的舞台调度便是两人对唱时，每唱完最后一句，在音乐过门中交换位置，然后再接唱下一句，如此反复至一段唱词结束。

侗戏音乐是在侗族民歌琵琶歌、叙事歌、大歌和山歌和基础上，吸收汉族戏曲剧种音乐逐渐发展而成的。因此根据唱腔的结构和形式，可分为"戏腔""歌腔"两大类。

戏腔，主要以平调为主，包括其变化而成的各种腔调，还包括引进侗戏中的汉族戏曲唱腔和民间曲调；歌腔则是由侗族民歌演变而成的唱腔。

侗族民歌非常丰富多彩，有琵琶歌、山歌、牛腿琴歌、笛子歌等。这些民歌都不同程度地融入侗戏的唱腔音乐之中。在实际运用中，根据剧情的发展需要，也有将戏腔、歌腔综合运用的。

侗戏的戏腔和歌腔都是用大嗓演唱，词句的长短，音韵的变化，

■侗乡民歌

■ 侗族民歌

牛腿琴 是侗族弓拉弦鸣乐器。侗语称"各给""给以""给宁""勾各依斯"。因其形似牛腿，琴端二角似羊角，又称"牛巴腿""羊角弦"。在侗族人的文化生活中，牛腿琴占有重要地位，是牛腿琴歌、侗族大歌和叙事歌离不开的伴奏乐器。

影响着腔句长短和旋律的变化。

侗戏的乐队包括管弦乐和打击乐两个部分。

管弦乐器包括二胡、牛腿琴、侗琵琶、月琴、低胡和扬琴、竹笛、芦笙。

打击乐器则有小鼓、小锣、小钹等，但一般不用于唱腔，只用于开台和人物的上、下场。

传统侗戏的伴奏乐器一般为二胡、铃、鼓和小钗；新侗戏中增加了牛腿琴、琵琶、低胡、扬琴等。

由于受贵州花灯、桂北彩调的影响，侗戏的唱词十分讲究音韵，其尾韵统一，腰韵严谨，主要曲调有"平调""哀调"。

平调是上下句结构，多用于叙事；而哀调是由侗歌中的"哼歌""格以琴"等演变而来的，节奏自由，旋律哀怨，适于表现悲痛的心情。

侗戏的唱词在韵律方面有其独特的要求。每段唱词不仅要求尾韵统一，而且严格规定要压腰韵、连环韵。

侗族人平时说话很讲音韵，侗话中的音又比汉话多。音多押韵比较容易，韵多则音乐性强，加上有趣的比喻，剧本显得流畅、生动活泼。这便形成了侗戏唱词音韵结构的特点。

侗戏流传的剧目较多，来源也比较广。侗族广为流传的琵琶歌、民间故事和汉族故事，都是改编侗戏的素材。汉族戏曲剧目也经常被改编和移植成侗戏。

根据侗族民间传说故事改编的剧目有《珠朗娘美》《刘美》《金俊与娘瑞》等；根据汉族故事改编的剧目有《陈世美》《梁祝姻缘》等；历史故事剧有《吴勉王》《李万当》等；移植汉族戏曲的剧目有《生死牌》《十五贯》《白毛女》等。

这些剧目故事情节与其他剧种的剧本大致相同，但基本的结构与格式却按侗戏的特点编写。

在剧本结构与表现手法方面，侗戏有着鲜明的特点。侗戏一般分场不分幕，剧中时空转换频繁，都依靠演员上下场来体现，场次分得细，一出戏通常有几十场。

侗戏表演

■ 侗族民歌

剧本一般是以剧中主要人物的名字来命名，如《珠朗娘美》《刘美》等。

在改编汉族故事的时候，剧名也做这样的处理。如汉族戏曲《二度梅》，侗戏便改成《陈杏元》，《白兔记》则叫《刘志远》。侗戏剧中人物很多，剧本篇幅长，每出整本戏，几天才能演完。

侗戏的剧本一般以二人对唱为主，道白很少。这是因为侗戏剧本多由侗族琵琶歌改编，而琵琶歌本身就具有故事长、人物多、情节不连贯的特点。因此侗戏中有明显的说唱艺术的痕迹。

阅读链接

侗戏的演出，有一定的仪式。第一天开演正戏之前，要供神请师，由"掌簿"主持：台口中间摆上酒、菜、纸钱等供品，由掌簿焚香请神，然后鸣放铁炮。

每个剧目开演之前，先由一演员朗诵一段开场白；正戏结束后，全体演员唱歌致谢；整个演出结束后，要跳加官，被提到名字的人，都要把红包扔到台上作为赏钱，他们大多是寨里的头面人物和富裕人，除此之外，戏班不再收钱。